JN105658

最終版 気くばりのすすめ

鈴木健二
Suzuki Kenji

さくら舎

最終版　気くばりのすすめ◉目次

第一章　生きるということ

生きているうちにできること

わが敬愛の人

母と父が最後に気くばりしてくれたこと

紅白歌合戦と母の葬式

第三章　人間の未来、光の子ども達

第四章　人間不在の非気くばり社会

第六章　感動なしに人生はありえない

最終版　気くばりのすすめ

第一章　生きるということ

生きているうちにできること

自戒の言葉

令和元年5月12日、大安。

一冊の本を曲りなりにも脱稿したので、丁度手もとにあった一枚のゆうパックの袋に入れて、なんとか無事に出版社へ着きますようにと思いながら、陽が傾き始めた夕方の道を杖を突き突き、気持ちだけは全速力で郵便局目がけて歩きました。やれやれ着いたとドアの前に立ったら、自動ドアのはずなのに、一向に開かずの扉。叩こうとこぶしを握ったら、ガラス越しに見えたのがカレンダー。本日は日曜日でお休み。

数え年で91歳にもなると、一日中ボーッと暮らしているせいか、もの覚えが遅いのに、忘れるのは早く、その代りなぜか一つ思い出すと、それにつれて昔記憶していたことを、断片的にばらばらと思い浮かべるのです。

瞬間、後悔しました。日曜日はさて置いて、暦によると、この日は母の日でもあったのでした。私は生きて行く上で幾つかの自戒の言葉を、すべて自家製で持っているのですが、その中で大切な言葉に、

「人は母と生れ故郷を大切にして生きて行けばよいのだ」

というのがあるのです。一つの言葉の中に、「母」と「生れ故郷」という二つの大切にする対象が入っているのは、私にとってこれまで90年の人生の中での最悪最低の日、昭和20年（１９４５）３月10日、僅か３時間のうちに、10万人の日本人の、それも主として私が生れ育った東京下町のおじさんおばさんお兄さんお姉さんそして幼稚園や小学校の時の友達の命が、生きたままで無残にも焼かれて死んでしまった東京大空襲の夜に由来します。

猛火烈風の中で、私は時には焼夷弾《しょういだん》で焼けた道路に四つん這《ば》いになって、背中に母を乗せて、数センチずつ前に進みました。いつもは６分間で行けるわが家から、あれから70年以上の今も、あの時の形のままで国技館のすぐ隣に、何事もなかったかのように建っているＪＲ両国駅のホームに、１時間半もかかって辿《たど》り着き、先導してくれ

た父と共に、停車していた1輌の客車の中で、ホッと一息ついて、辛うじて生きのびたのでした。

10万人の死

夜がかすかに白んだ頃、私は両親を車内に置き、単身、硝煙が霧のように立ちこめ、異様な匂いが息を詰まらせ、道に転がる人間の死に方ではないむごたらしい焼死体を見て、内臓のすべてを吐き出しそうになりながら、やっとわが家のあった土地らしき所に立ちました。

わが家は一握の灰と化し、懐かしい生れ故郷下町は見渡す限りの焼野ヶ原となっていました。

「この戦争が完全に終るまでには、１００年の歳月を必要とするだろう」

戦争の結末が勝利かそれとも敗北なのかは別にして、当時17歳の少年だった私の脳裏に浮かんだのは、なぜかこの１００年の思いでした。

あれからいま七十有余年、時代は昭和から平成の31年を流れましたが、１００年まではあと4分の1残っているのです。そして、私の心の中では、戦争は今も続いているのです。私が年齢を尋ねられると、満年齢が当り前の今も、数え年で答える理由の一つがここにあります。あの夜死んだ10万人の方達は、数え年の時代を生きていた方達なのです。それは私との共通項だからです。

令和の今となってはひどい時代錯誤になっているでしょうが、私にとっては、自ら襟《えり》を正して戦争を回顧し、むごたらしい醜い死に方をしたくなければ戦争をするなと、言い続け、書き続けるときの、具体的で、わかり易いと思われる手段として、拙著のほとんどで数え年を書いています。

生れ故郷が数時間の夜の闇の中で、完全に姿を消して、いや消されてしまい、自分は、父は、母は、今からどこで生きて行くのだろうという、人間の生活にとって根源的に必要なものをすべて失ったと言うよりも、奪い取られてしまった何にたとえようもない淋しさが、次には誰がこんなことをさせたんだという怒りに変り、さらにこれが戦争なんだと自省した底知れぬあきらめに急変して行くのに、恐らく1分間とかからなかったと思います。

気がつくと私は焼土に聳《そび》え立って、もやの中に黒々と、それこそ何も無かったかの如くに存在しているように見えた鉄筋コンクリート3階建ての母校、本所区（現・墨田区）立二葉尋常小学校に向っていました。

道に転がっている無数の焼死体。あるものは――もうそれは「人」ではなく、「物」でした――一本の焼け木杭《ぼっくい》になって、まるで電信柱が倒れたように、真っ直ぐな形であお向けに倒れ、ある死体は、うつ伏せになってはいましたが、着ていたものが焼け失せて、背中が丸出しになっていました。しかし、皮膚がなぜか薄い黄色に染まって、両足から靴までその色が続いていました。

人間が死ぬ時は、死の直前の姿勢で死んで行くんだ、あお向けでも、うつ伏せでも、しゃがんだ形でも、町内の所々に置かれたセメント製の防火用水にしがみついたままでも、水槽の中へ飛び込んで、そこで座った形でも、家族でしょうか、手をつないだままでも……。やがて17歳の旧制中学4年生の私が焼死体に何も感じなくなり……。

小学生の頃でも、家から学校までは歩いて3分とはかかりませんでした。学校は鉄筋コンクリートだし、水道も使えるだろうから、水を飲ませてもらって、少し休んで、それから学校とはすぐ近くだった父の会社と工場の様子を見に行こうと思っていた私の足が、ぎくりと止りました。

焼け残った塀と校舎の間の幅3メートル程の空地。そこは子ども達が鬼ごっこなどでいつも駆け廻れる楽しい場所でしたが、そこに無数の死体が積み重なって倒れていたのでした。この世のものではない異様な光景に、感覚が麻痺していたはずの私も思わずよろめき、塀を背にして腰を抜かしてしゃがみ込んでしまいました。

「戦争」発言

余談を挟みますが、ここを書いた少し後に、「北方領土を戦争で取り戻す」と発言した国会議員が出現しました。

このニュースを聞いた時、私は73年も前に、戦争によって惹き起されるあまりにも残酷な死に、その場所までは、自分の精神力の限界を遥かに越えた力で歩いて来たのに、折り重なる遺体を見た瞬間、それまで私を支えていたすべてのエネルギーが全身から脱出して、焼けた道路の上にへなへなと腰を抜かしてへたり込んだ自分の姿を思い出しました。

戦争をするなどという非人間的な考え方を持っていた日本人が、しかも多くの選挙民から信任の票を獲得したはずの国会議員が、令和の世にいるのです。突然の思いつきで発言出来る内容ではありませんから、この人が加盟している政党並びにその政党と手を結んでいる政党の議員が、似たり寄ったりの考え方をしているとすれば、10％に上った消費税が何に使われるかはっきりしています。

私のような戦中派は、あの嘘で丸めて敗戦の日まで日本軍大勝利を発表し続けた大本営陸海軍部のラジオを通しての声を、まだ耳の奥底に貯えているのです。

私はやっと立ち上り、塀に片手を突いて、とにかく校舎の中へと思ってよろよろと歩きましたが、校門と玄関の所まで来て、今度は頭の中が完全に空っぽになって、道路にがっくりと両手両膝を突きました。遺体が層を成して折り重なって校内から校庭まで続いていたからでした。

50年以上も後の平成になってから、偶然この場から脱出した人に出会って聞いた話です。

この時、多くの人が学校ならば安全だろうと考えたのでした。東西南北から逃げて来た人々で学校の玄関前は人でふくれ上り、まるで敗戦直後のあの満員電車に押しくら饅頭をして乗り降りしたように、入ろうとする人と、一旦入ったものの、校舎や講堂が焼夷弾で燃え出し、その火が強風に煽《あお》られて、上から校庭目がけて滝のように降り下ろされる光景に驚いて、外へ脱出しようとした人とがぶつかりあって、身動きも取れない状況だったとのことでした。焼死だけではなく、圧死もあったようです。

私は目の前に、玄関とは直角に、校門のレールにも直角に、覆いかぶさっている完全に一本の焼け木杭にされた真っ直ぐな遺体が転がされているのを目にしました。なぜかうつむいているのですが、両肘《ひじ》を道路に突っ張り、胸のあたりと道の間に、三角形のすき間があるのでした。

私はにじり寄ってそのすき間をのぞき込みました。そこに小さな小さなまるでセメントで造ったような灰色の何かがありました。じっと見つめると、それは子ども、しかも赤ちゃんのようでした。上を向き、両手両足を直角にして上へ向けていました。

恐らくお母さんは赤ちゃんを抱いてここまで逃げて来て、煙に巻かれて意識を失って倒れたのですが、この子だけはと強く抱きしめて、そのまま烈風強風で吹き降ろされて来た火に、身を焼かれました。

赤ちゃんは最後までお母さんにしがみついていたのでしょう。私は座り直し、正座して合掌し、お母さんと赤ちゃんの冥福を祈っていた自分に気がつきました。

その瞬間以来、私の生きるモットーの中に、

「人は生れ故郷とお母さんを大切にして生きて行けばいいのだ」という言葉が加わりました。４分の３世紀の間、私の脳の数少い細胞の保存倉庫の奥に貯蔵されているのですが、原点は戦争が必然的に造り出す悲しみの中からだったのです。

この話は拙著の中に幾度も書きました。しかし戦争で北方領土を、の発言を聞いて、しかも憲法を変て、自衛隊を軍隊にという風潮を昨今しきりに耳に目にするので、あえてここにも、戦争を端的に体験的に物語れる話として、申しわけありませんが、話の筋を曲げて、書きしるした次第です。乞う！　ご容赦！

わが敬愛の人

幸せな人生の条件

原稿を郵送しようとした日が、日曜日で郵便局が休みであるのを、郵便局の自動ドアの前で気づいたと同時に、その日が母の日であったことも思い出し、自分で自分の91歳の老いに苦笑した次の瞬間、もう一つ今日は「看護の日」でもあり、私が西洋史殊《こと》に近現代史の上で、最も敬意を払っている人物であるフローレンス・ナイチンゲールの誕生日であることを思い出しました。思い出せるだけ、まだ認知症の症状は出ていない証拠だったのでしょうか。

「出会った人が、皆良い人であったことほど、幸せな人生は無い」

という言葉を、私は処世訓の一つにしていますが、もしかしたらそれは、私がこれまで出会ったすべての人が、私の心の看護に当ってくれていたからかもしれません。あまりにもお人好し過ぎる発想でしょうか。そんな風にも思えないなと考えながら生きています。

ＮＨＫに在職していた三十数年前に、私は「人間は仕事をするために生れてきた」という長い題名で、西洋人物史を月刊誌に2年間連載していました。

イエスやアレキサンダー、ミケランジェロ、ゲーテ、ナポレオン、ベートーヴェンなど、遠い歴史の中の人達は、人物や仕事の偉大さは何となくわかるのですが、人柄やものの考え方などの毎日の暮らしの中でのその人らしさは、型通りの歴史の勉強では摑《つか》めません。

なんとかこの人はこんな人柄だったのかなあと理解出来るのは、近代が始まるフランス革命（１７８９）以後のような感じです。

イエスが「愛」と「希望」を中心に据えて信仰を説いてから１８００年もの後に、人々が個人の愛で例えば結婚をするようになってからの人間像は、なんとなくわかるのです。

「聖書は永遠のベストセラーである。しかし、終りのページまで読んだ人は、一人もいない」

と皮肉られはしますが、グーテンベルクの印刷機の発明で、聖書が本になり、これがキリスト教の布教に大きな貢献をしてくれたのは事実かもしれません。とにかく人間が「愛」を個人のものとするまでには、イエスが十字架を背負って以来、１８００年もの歳月を必要としたのでした。

科学文明の広がりの速さに比べて、心の精神文化はいかに歩みが遅いかです。

「英語」より「介護」を

「愛」は様々な形を取ります。異性の間ならば恋愛、夫婦ならば夫婦愛、さては兄弟愛、祖国愛など、無限の形を取りますが、愛とは形そのものではなく、両者が互いに引きあい引かれあう目には見えないエネルギーのことを指すのです。

もしかすると、その引きあう糸を半分ずつ出しあうので、結ばれあうのを「絆《きずな》」と書くのかもしれません。愛は目には見えない精神的エネルギーだから、無限の形をとるのでしょう。

その点で、私が西洋史の上で敬愛する人物の第一に挙げているのが、フローレンス・ナイチンゲールなのです。それにもかかわらず、その日が日曜日であり、母の日であるその次に、やっとナイチンゲールの誕生日であり、看護の日であるのを思い出すのですから、90代に入ると、人間の脳の働きはどんな程度か、おわかり戴けると存じます。看護だけではなく、介護が必要となるということです。

介護は令和の今、すべての日本人が身につけておくべき道徳の徳目の第一です。

高齢社会はイコール障害者社会なのです。小学校で英語を教える時間があるなら、同じ「ご」なのだから、英語はやめて、介「護」の仕方を知るために、障害者や高齢者と接することが出来る所へ行った方がいいのではないでしょうか。

介護を触れあいの中で体得する方が、遥かに将来を生き抜くために必要なのではと、折あるごとに、言ったり書いたりを私がし始めたのは、１９７０年代からのことです。この考え方は間違いでしょうか。

結論として私は、

「19世紀はナイチンゲールの愛を必要とし、20世紀はマザー・テレサの愛を必要とした」

という言葉を、自家製で持っているのです。

心が癒されるとは

貴族の娘として生れながら、ナイチンゲールは13歳の頃から、「神様、私に仕事を与えて下さい」と祈り、やがて当時女性の職業の中で、最も賤業《せんぎょう》とされていた看護婦になります。

当時はロンドンにあるような大病院でも、遺体が数日間もベッドに置かれたり、廊下や病室の床に横たえられたままになっており、病院は死にに行く所という観念でした。

やがてクリミアで戦争が始まり、彼女は看護婦を引率して戦地に向いますが、野戦病院の中に入るのを拒否されます。看護婦達は帰国を主張しますが、彼女はいつか私達が必要になると、ほう帯を巻くなど、看護の準備をし始め、やがて病院内に迎え入れられます。

ナイチンゲールは夜中もランプを持って、傷病兵一人ひとりを見舞い、優しく声をかけ、兵士はランプの光で壁にうつる彼女の影に口づけするだけでも、心を癒《い》やされたと伝えられています。

私がこの気くばりの本を書き残しておきたいのはここなのです。

つまり、お金や物を家族やお世話になった人に多少なりと遺産としてでも残せれば結構ですが、人間として大切なのは、生きて少しでも頭と体が動ける間に、つまり自分でもこれが死の床だなと理解する床に横たわる直前までに、ナイチンゲールのこの壁にうつった彼女の影に口づけするだけで、心が癒やされたというその心を、これからも生きて行く人達に残して行こうとすることなのです。

ナイチンゲールは優秀な看護婦の条件として、看護技術をしっかり身につけている人、病気に対する基礎知識を確実に持っている人、そして、優しい心を持っている人の3つを挙げています。

彼女が看護師として働いた年数は短いのですが、彼女が建てた医療看護の計画を見て、ビクトリア女王はこの人を陸軍の総司令官に迎えたいほどだと、絶讃したと言われます。

私も今年もしくは100歳までのここ10年以内には、確実に最後の時を迎えます。今までに瀕死の状態で受けた手術が4回、一過性虚血症で、血栓が首の動脈に詰まって、突然倒れたのがやはり4回あります。そして何よりも、あの東京大空襲で奇跡を通り越した超奇跡で生き延びた体験をも加えると、近々横たわるであろう病院の病室の床にうつる自分の影に、ここまで生きさせてくれてありがとうと、自分ひとり口づけして感謝する気分になりたいのです。

ただし、そこにはナイチンゲールのような素敵な看護師さんがそばにいてくれるに違いないと私は確信しています。

女性に生れ変る

実は私はもし生れ変ることが出来たら、女性がいいと、思っています。40代で仕事の激務が原因の不摂生がもとで、かなり重度の糖尿病に侵され、激痛を伴った痛風が数度、尿路結石で七転八倒したのが1度、その結果、目もくらむ大量の血尿排出の末に、左腎臓摘出の大手術をしました。

つまり、私は右の腎臓1つで、人並み以上にあれから40年も生きているのです。

「女性がいい」というのは50歳だったこの頃からの願望なのです。

もっとも神様にお願いして、顔の造作を基本的に造り直し、髪の毛を人並みの本数だけ植えつけて戴かないと困るのですが、とにかく女性に生れて、そして、ナイチンゲールのような看護師さんになりたいのです。

輪廻《りんね》転生《てんせい》つまり仏教的な生れ変りを当てにした儚《はかな》い望みですが、私にそう決心させてくれた小さな動機があるのです。

ＮＨＫ時代の私の労働時間そのものは、国会で平成令和の二代にわたって論議されている今ならば、完全に労働基準法違反の典型として槍玉に上ったことでしょう。徹夜仕事が当り前だったあのバブルの時代でさえ、私への取材全く無しで、週刊誌が「サラリーマンの鑑《かがみ》、ＮＨＫの鈴木健二さん。時間外労働はすべてサービス」と書きたてていた頃、私の唯一の楽しみは、いわゆる人間ドックに年に1度、3日間入ることでした。ここだけに休息がありました。

生命誕生の感激

ある年のこと。着替えなどの小さな荷物と読みかけの本1冊を持って指定された病院へ行き、病室へ案内されたので、寝巻姿に着替えていたところへ、1人のやや小柄でしたが、明らかに美人の部類に属する看護師さんが来ました。そして、優しくほほ笑みながら、

「院長先生から、この3日間鈴木先生のお世話をするようにと言われました。でも私看護師になってまだ半年しかたっていませんので、十分なお世話が出来ないかもしれませんが、一生懸命やりますので、よろしくお願い致します」

そう言って頭を下げたのですが、そのおじぎの仕方が、いかにも誠意がこもっていて、綺麗な形でしたので、私は思わず聞きました。

「どうして看護師さんになろうと決心したんですか」

以下は素直に語ってくれた彼女の話です。

もともとは飛行機の客室乗務員《スチュワーデス》になりたいと思っていたそうですが、大好きだったおばあちゃんから、あなたは小さい時からよく気がついて、人のお世話をすることが好きな子のようだから、飛行機に乗るよりも、看護師さんの方が向いていると思うよと言われたので、看護師になったそうです。

高校を出て看護学校に通い始めて、やはり飛行機の方がよかったかなと思わないでもなかったそうですが、それよりも一生この仕事を続ける決心をしたその動機となったこの人の話が私の胸を激しくゆさぶったのでした。

「看護学校でお産の実習がありました。ところが、赤ちゃんは時間が来れば、すっと生れると思っていたのに、お母さんになる方が、あんなに激しい痛みに耐え、先生や看護師さんが大声で励ます中で、かなりの時間をかけて生れて来たのには驚きました。

しかし、師長さんが生れたばかりの赤ちゃんを抱いて、お母さんに、おめでとう、可愛い女の赤ちゃんよと言って、お母さんに見せた時に、お母さんが赤ちゃんに、生れてくれてありがとうと言ったのに、私ははっと胸を突かれました。

師長さんに、すみません、私にちょっとでいいから、赤ちゃんにさわらせて下さいと頼みました。師長さんがどうぞ、あなたもいつかこうして幸せなお母さんになるのですからねと言って、私に着せてあるものの上からですが、赤ちゃんに指先でしたが、さわらせて下さいました。

その瞬間はっと感じたのです。そうだ、私が生れる時も、お母さんはあんな風に痛みや苦しみに耐えてくれたのだと思ったのです。

私は産室を飛び出して、廊下にあった公衆電話からお母さんに電話しました。そして、今お産の実習があったの。私が生れた時も、お母さんはあんなにも痛みや苦しみをこらえて私を産んでくれたのね。お母さん、ありがとう、ありがとうと言うと、母は私に、私の子になってくれて、ありがとうね、そう言ってくれました。

それから10分ぐらい、２人でありがとうありがとうを繰り返しました。今では看護師になって、ほんとうに良かったと思っています」

これが私がこの本で皆さんにお伝えしたい事柄のすべてなのです。ここまで４００字詰原稿用紙20枚ですが、ここでボールペンの動きを止めてしまってもいいのです。

ある本で私は人間が最後に別れを告げるのは、自分自身であると書きました。その最終の言葉は恐らく次のひとことだと信じています。

「スズキケンジ君。今日までよく生きさせてくれたね、ありがとう。じゃ、さようなら」

ここで意識が途絶え、間もなく心臓や脳が働きを止めます。あとは火葬場の鉄の扉の向うで、それまで全身を支えてくれていた骨だけが砕けて残り、もう一つの生きる支えであった精神と言いますか心と申しましょうか、目には見えなかった生きるエネルギーが、骨から離されて、火葬場の煙突から煙となって空に舞い上って行くだけです。あの人は良い人だったねという言葉がもしも誰か一人に残れば、私は立派な人生を送ったのです。

人生にはそれぞれに果す役目があります

40年ぶりの出会い

　郵便局が日曜日でお休みだったことを忘れ、郵便局で発送するはずだった400字詰め原稿用紙約250枚が単なる重い荷物と化したのを左手でやっとぶら下げ、右手では杖を突いて、辛うじて帰宅した私は、それこそ無意識のうちに机の前に座って、自戒の念に背中を押されて、この原稿を書き始めていました。

　ところが、4枚か5枚書いたところで、重大な忘れものをしていることに、またもや気がついたのでした。この本の題名でした。題も考えずに、さっさと気のおもむくままに書いていたのでした。だいいち原稿用紙も手もとに30枚ほどしかなかったのにも気がつきました。

昭和のＮＨＫ現役時代には、私は放送の職人としては当り前のことと思っていたのですが、スタジオや中継現場で、私が台本もメモも資料も持たずに喋るので、それが視聴者やマスコミには珍しかったらしく、私を博覧強記の国民的アナウンサーなどと、書かれた私が恥ずかしくなる形容をされたものです。しかし、あれから30年以上たちますと、博覧以前に貧読となり、強記以前に忘却してしまうのでした。

ふと思いついたのが、先程郵送するはずだった原稿の送り先が「さくら舎」で、宛名が編集局長の古屋《ふるや》信吾《しんご》さんであることでした。

古屋さんはかつて講談社の編集者で、私の雑文を集めて、『気くばりのすすめ』と名づけ、当時、ベストセラーのトップを走り続けて、数百万部発刊の大当りを取ったほどの人でした。

その後、私はＮＨＫを定年退職し、社会活動のため東京を離れました。そして、偶然40年ぶりに出会い、その時「自分との別れ」という題の原稿を約束し、書き上げたのでした。そこで、そうだ、書き始めた新しいこの原稿を、最後は古屋さんに贈ろう、そのためには「気くばり」という名詞が入った方が、多少は記念になるなと思いついたのでした。小さな恩返しです。

少しわかりにくいと思いますが、新聞社の調査によると、私の旧著は２００冊程あるそうですが、その中で私がこれは自分がつけた題名だったとわかる本は、せいぜい10冊ぐらいで、あとはすべて編集者か出版社が命名したものです。

原稿を書き上げてお渡しする時点では私が自分でつけた題名ですが、渡したあとは出版社の商品です。

小説ならばたぶん作家がつけた題がそのまま本になるのでしょうが、私が書くような雑文は、出版社の商品に変化するので、デビュー作以来、題名と価格あるいは原稿料などについて、編集者や出版社と話しあったことは一度もありません。題名を作者である私が知らない本がたくさんあるのです。

私が今の日本で一番エライのは誰かと聞かれれば、総理大臣ではなくて、小さいお子さんを抱えて育てながら、働きに出る女性。次がすべてのお母さん。三番目が私の原稿を本にして下さった編集者とよく言っているのは、冗談ではなく本気なのです。

ごめんなさい、例によって話が脱線しました。私の編集者泣かせ、ＮＨＫの現役時代は、スタッフ泣かせの悪癖《あくへき》です。でも出版からの収入が、私の60歳から75歳までの社会事業をやり通させてくれた最も重要な原資であったのです。

この原稿を古屋さんだけにお見せしようと、50年間手に馴れたボールペンを紙の上に走らせているのも、私にしてみれば、古屋さんへの恩返しという気くばりなのです。

不思議なインスピレーション

さて、私の母への思い出は尽きませんが、母と私の間にあったらしい不思議なインスピレーションを一つだけ書き記しておきます。

昭和61年（1986）1月のそれも松の内のことです。13年前に父が他界し、一軒家に年寄りの一人暮らしは危ないからと、兄（清太郎《せいたろう》・筆名清順《せいじゅん》・映画監督業）の計らいで、母は伊豆の熱海《あたみ》にあった温泉付きケアマンションの一室で暮らしていました。

私がNHKに入局した丁度1年後に日本でもテレビ放送が始まりましたが、その翌年から毎年大晦日《おおみそか》には「紅白歌合戦」という長時間の音楽番組があり、国民的行事とさえ呼ばれていました——この番組は平成の終りまでありましたが、令和では？——万葉集の合唱に変るかも？？？……NHKは8K4K（厄よけ《やくよけ》）までして、番組制作に4K8K（四苦八苦《しくはっく》）しているようですから……。

昭和58年の9月初旬、突然芸能局のディレクター達がぞろぞろとやって来て、今年の紅白に出て下さいと言いました。

私は音楽番組は30年近く前に、「懐かしのメロディー」という番組を3年ほど担当した以外全く縁が無く、大晦日は除夜の鐘の中継、あるいは富士山頂からの放送やら、元日午前中の特別長時間番組などの準備で、紅白は全く見たことも聞いたこともありませんでした。それに、だいいちもうすぐ定年だし、若いのがアナウンス室にいくらでもいるから、その連中にと言ったのですが、ＮＨＫにとっては表向きタブーであるはずの視聴率が去年は60％台に下ってしまい、それをマスコミからＮＨＫの凋落《ちょうらく》などと書きたてられているんです、われわれとしては、なんとか70％台に回復したいので、力を貸して下さいとのことでした。

私は「まさかの時の鈴木さん」と言われて、ＮＨＫに何かが起ると必ず引っ張り出されていましたので、司会は出来ないが、視聴率をアップする努力は自分なりにやってみると言って引き受け、前代未聞の番組進行をして、その年が72％、翌年は78％ぐらいに引き上げました。もちろんスタッフ、歌手、オーケストラ、照明などの皆さんの協力のお蔭です。

私は真夜中に帰宅すると、夜が明けてすぐ家内と2人の子どもを連れて熱海に行き、母をさそい出して、それから3日ほど、伊豆半島の河津《かわづ》や西海岸の土肥《とい》の温泉めぐりをするのを、正月の恒例としていました。母も喜んでくれていました。

予感、年末と年始を空ける

昭和61年元日。3回目の紅白の司会が終って帰宅した朝、恒例の温泉めぐりのために、家内と子ども2人と熱海に母を迎えに行きました。母は足の痛みを多少訴えていましたが、歩くのに不自由ではなく、元気に旅をしました。しかし、ふと私は母の姿を見て感じたのでした。

もしかしたら、今年で、母とあの世とこの世に別れてしまうのかもしれない、と閃《ひら》めいた予感でした。

母は元気で、時々は2人の幼い孫つまり私の子どもと、時には海岸を散歩するほどの上機嫌でした。その時、母は明治33年生れの83歳でした。私は母が30歳の時の子でしたから、53歳だったのでした。

楽しい旅を終って熱海へ戻ったところへ、折良く兄夫婦も新年の祝いに来あわせ、一族揃ってあらためてお正月を祝いました。

その帰り道。熱海駅まで歩いている時、私はふとつぶやいてしまいました。

「なんだか、おふくろさんと、今年でお別れっていう気がしてならないんだなあ」

兄夫婦と家内が口を揃えて、

「なに言ってんの。お正月早々、縁起でもない」と。

しかし、私は予感がどうしても頭から抜けないので、帰京翌日私は出勤して、当時担当していた2つの番組のスタッフに、今年は12月20日まで仕事が終るようにし、来年は1月10日までは空けてくれないかと頼み、紅白のスタッフには、今年はもうやらないぞと宣言しました。

なぜ12月20日から来年の1月10日までと区切ったのか、今になっても私にもわからないのです。90年の人生で最高の不可思議な現象です。これが母と子の間だけにあるインスピレーションなのでしょうか。

夏の終り、母に小さな胃ガンが見つかり、すぐに初期のうちに手術をして貰いました。執刀の主治医に、いやあ、稀にこういう丈夫で気持ちのしっかりしたおばあちゃんがいるんですよ。でもさすがにお年なので皮膚が少し固くなっていたので、一番太い糸で縫いあわせておきました、と笑顔で言われたので安心しました。母は元気に東京から熱海に戻って行きました。

ところが、11月の終りに兄から電話がありました。母が急に工合が悪くなり、熱海の病院が満室なので、東京の病院を紹介して貰い、車で運んで入院させたとのことでした。

スタッフの協力で、私の仕事は12月18日に年内の分は終了し、紅白は4度目の要請はありましたが、60％に落ちた視聴率を70％に戻す約束はすでに果していましたので断りました。そして、その日、仕事が終って私は病院に直行しました。

典型的な下町気質《かたぎ》

ところがどうでしょうか。母はその日の午後から容態が急変し、酸素ボンベが使われていました。でも気の強い人でしたので、私が着くと、ボンベの音がして、同室の皆さんにご迷惑を掛けてやしないかいと、自分の病状よりも、ボンベの絶え間無い音を気にして、

「申しわけございませんですねえ。おやかましゅうございましょう。すみません」

と、マスクを口からはずして同室の方達にあやまるのでした。はじめての病院で、個

室では淋しいだろうと、４人部屋に病院が配慮して下さっていたのでした。

しかし、母のお詫びが夜遅くなっても、時々思い出したように続くので、母の気くばりの心づかいはわかるけれども、これでは睡眠が取れそうにもないので、病院にお願いして、個室に移すことにしました。母の人に対する気づかいは、典型的な下町気質《かたぎ》で、そっくりそのまま私にも受け継がれているようです。

テレビの全く想定外の普及で、殊に昭和36年以来、ほとんど休日が無かった私は、翌朝出勤するや、正月の休み明けの番組制作に必要な資料を集めると、それを抱えて、急いで母の病室に戻り、看病しながら読みました。兄は大阪へ仕事に行ったりしましたが、私はほぼ一年前のその年の正月に、あの温泉めぐりの時、ふと頭の片隅に起った母と今年でお別れの予感が、日に日に強くなりました。

心配なことが一つありました。12月ですから、御用納めの28日に火葬場が終り、そのまま正月休みに入って、早くても3が日、遅ければ七草《ななくさ》まで営業しないのではないか。あって欲しくはないが、万一母が28日か年内または正月中に、もしものことがあったら、母の柩《ひつぎ》をどこへ置くかという問題です。

結婚式は準備期間が十分ありますが、対照的にお葬式は悲しい上に、言わば短期決戦なのです。同じなのは、両方とも莫大なお金がかかることです。

私は女性も男性も、30歳になったら、未婚既婚の別無く、自分が今の私のように、90代に入った時のために、言うなれば、死《し》に金《がね》貯金とでも言いましょうか、自分の葬式代のための貯金を、たとえ月に千円でもいいから始めることをお勧めします。

自分に妻子や孫などに分けてやる遺産があろうと無かろうと関係無しに、絶対途中で使ったり解約したりせずにです。貯金でも保険でもいいから自分の葬式への気くばりを。

本題に戻りますが、母の病室の隣の小部屋が空いていましたので、兄と私はそこで相談し、母には申しわけないが、内緒で葬儀屋さんに相談してみようということにしました。

余談ですが、脳梗塞などで脳が機能を失ってしまえば別なのでしょうが、ガンや内臓などの病気が原因で、命が瀬戸際まで来てしまった人は、他の機能は失われても、耳だけはかすかに聞えているらしいという話をよく聞きますが、母はどうやらこの聞える部類に入っていたらしく、ベッドの横で、私や兄が見舞いに来られた方と、小声で話していても、時々一緒に小さく笑ったりしていました。葬儀の話など、とんでもないことでした。

電話すると、小さな助け舟（？）があるのがわかりました。その年（昭和61年）は、歳回《としまわ》りのせいだとかで、火葬場が大晦日の午後2時まで営業（？）しているとのことで、午前中にお葬式をすませて、午後1時までに到着すれば、2時頃には、焼き上る（？）とのことでした。

さらなる朗報（？）は、菩提寺が電話で、例えば、今日万一のことがあったら、病院の霊安室などで直ちに納棺されて、そのままお寺へお越しになれば、明日のお通夜から明後日のご葬儀の終了まで、お寺がご遺体をお守りしますと言って下さったのでした。

度を越した過保護

母の私に対する過保護は、近所の評判になるほど、度を越していました。生れつき体も気も弱かった私は、5年生の夏まで、ひとりでシャツや服の着替えが出来ず、必ず母がしてくれましたし、6年生の関西修学旅行には、200人もの生徒の中で、たった一人、母だけが保護者としてついて来て、私の横でずーっと一緒に歩きました。

私は恥ずかしくて、旅行中下を向いて歩き、京都や奈良の道路だけを見て、大仏さまや五重塔や清水寺の記憶は全く残りませんでした。

中学1年の時、大東亜戦争が始まり、富士の裾野で軍事演習があった時には、さすがに母もついて来ませんでしたが、最後に1泊する旅館の前に着いて、ここで解散！頭《かしら》ァ右ッで右を向いたら、旅館の2階で母が手を振っていました。

そして、最後の過保護と言うよりも、子どもの私への孝行（？）は、昭和61年（1986）12月29日の夕方に起りました。

隣室で兄と話していると、母の看病を頼んでいた嫂《あによめ》が突然飛び込んで来て、いま、お母さんが変な呼吸をしましたよッと叫びました。

私は母のもとへ急行しました。子ども達が母を呼ぶ時のように、おばあちゃんと揺り起そうとしました。母は窓側を向いたまま、もう動きませんでした。

私はそっと母をあお向かせ、左手の脈を取りましたが反応は無く、次いで心臓のあたりに左耳をつけましたが、音はありませんでした。

「お医者さんを呼んでッ。看護師さんもッ」

と私は後から来た兄に叫び、母の両眼のまぶたをそっと上げました。すでに両眼とも瞳孔が開いていました。私は母の両腕を胸の上でそーっと合わせてやりました。

自分でも不思議なほど落ち着いて、たった今息をしなくなった母にしてやれるだけのことはしました。医師が駆けつけ、懐中電燈で瞳孔を見て言いました。

「ご臨終です」。

第二章　母と父の気くばり

母と父が最後に気くばりしてくれたこと

父のガン手術

嫂《あによめ》がお母さんが変な息をと言って来たので、私が飛び出して行って、母の脈を取り、心音を聞き、瞳孔を確かめた時に、医師と看護師が駆けつけてくれました。時間にして2分少々ぐらいだったと思いますが、私は自分でも驚くほど落ち着いていました。

その原因は、それよりも13年前の昭和48年（１９７３）１月26日に他界した父が、死ぬとはこういう風にすればいいんだよと、無言のうちに私に教えたと言うよりも、感じ取らせてくれていたからなのでした。呼吸を止めるおよそ30分前あたりからの父が私にくれた無言の気くばりだったと、今でも思っています。

５年前に父はかなり進行した胃ガンを患っていました。数人の医師から手遅れを指摘されていました。ガンについての医療技術があれから50年以上もたった現在からみれば、なんとか助かる程度のガンだったのかもしれません。

その頃私の出身母校である旧制弘前《ひろさき》高等学校の同窓会では、旧制の廃止、新制の定着と相まって、会員の高齢化が進んだので、これが最後の同窓会を、思い出の津軽は弘前で開くことにし、私に人寄せパンダになって、その前夜の記念講演会の講師をやってくれと頼んできました。

私は私の人生の最高の輝きであった10代の青春の場であった弘前で話をさせて戴くのは、光栄この上ないが、実は父親がこれこれでと言うと、それなら先輩の一人である国立がんセンターの内科部長の木村先生に一度診察してもらったらと言われました。私は知らなかったのですが、先生はガンの化学療法の世界的権威で、日本よりも、むしろ欧米で有名な方だったのです。

早速これまでのレントゲン写真を持って参上すると、なんでこんなになるまで放っておいたのだと、最初はお叱りを受けました。しかし手術をすれば、助かる見込みが1%だけあるかもしれないとおっしゃった言葉に、藁《わら》にもすがる思いでお願いし、手術は成功しました。父はその3カ月後には、一人で箱根に療養に出かけたほどでした。

私は約束通り人寄せパンダの役割を弘前へ行って果した直後、それはアメリカとソビエトを両極とした東西冷戦と呼ばれていた時代の真っ最中でしたが、インド、ソビエト、東西ドイツ他、取材どころか入国すら困難な感じの国々へ行って、情報がほとんど無い一般市民の暮らしの様子を取材し、そのあと南米各国の移住地を調査する仕事を命じられました。

当時私は「まさかの時の鈴木さん」とNHK内部で呼ばれ、表向きはアナウンサーでしたが、実はそれは全部の仕事の3分の1ぐらいで、あとは営業や技術などの仕事も手伝わされました。脚本書き、大道具や照明のデザイン、さては週刊誌に、「いくら受信料の不払いをしても駄目。鈴木健二が取りに来る」とまで書かれ、不払い問題の解決や受信料の銀行振り込みへのお願いにまで狩り出されていました。休みの日は全くありませんでした。

とにもかくにも長期外国取材に出て、1年後に一日帰国して、それまでに取材したフィルムを「ソビエト」「インド」「ドイツ」の3本のスペシャル番組に編集して出すことにしました。

久しぶりに父に会うと、何となく顔色がすぐれていないので、一度、センターの先生にみて戴いたらと言うと、兄が車にのせて、母がつき添って病院に行きました。

その夜私は現在の代々木の放送センターではなく、都心の日比谷公園の近くにあった内幸町《うちさいわいちょう》の昔の放送会館の一番広かったスタジオで、満員の職員の前で、取材して来た各国の放送事情や人々の暮らしの報告会を開いていました。

父の寝姿を見つめて

終って、アナウンサー室に戻って来ると、お家の方から電話して来るようにという伝言がたった今ありましたと告げられました。電話すると母が出て、夕方5時頃に父と兄と母と3人で病院近くの料理屋さんで夕食を摂り、父は病室へ行き、兄は母を車で杉並区にあった自宅に送って家に帰ったら、8時過ぎに病院から電話があって、父の容態が急変したので、すぐに来て下さいとのこと。

とにかくタクシーに急いでもらって、私は病院に向いました。着いたのが、9時45分頃でした。病室に入ると、診察中の一人の医師が、

「8時頃看護師が血圧を計ろうとしたところ、血圧が急に下って、今、上が50ぐらいです」

「原因は何でしょうか」

「恐らく、胃の中の血管が切れて、推量ですが、ずっと以前にガンの手術を」

「はい、5年前にセンターでして戴きました。その後はとても元気に……」

「もしかしたら、その際の血管の縫合部にガンが発生して、それが原因で、切れて……」

看護師さんや応援の医師が来て機械をセットし、医師は人工呼吸を始めました。

父はまるで腹式呼吸でもしているように、おなかをふくらませては、ふーっと大きく息を吐きました。10時。母と兄が来ました。

室内は静寂に包まれました。機械のカチカチという小さな音だけが、片隅で鳴っていました。

父のふーっという息の音もしなくなりました。

音の無い世界の中で、たぶん今、たった一人で懸命に「死」と戦っているに違いない父の寝姿を見つめていた私は、ふと思いました。

「そうだ。父は今私に、死ぬというのは、こういう風にすればいいんだよと、教えてくれているんだ」と。それは父から私への最高にして最後の気くばりでした。

父は幼い頃に父親を失い、呉服屋の小僧から叩き上げられましたが、母と結婚し、それなりの財を二人で一生懸命働いて作りました。しかし大正12年（1923）9月1日の関東大震災と昭和20年（1945）3月10日の東京無差別大空襲の2度にわたって、それまで営々と働いて築いて来た、それなりの財産をすべて失いました。

呉服屋で修業しただけあって、自転車部品製造の工場の仕事をする時以外は、春夏秋冬和服で、私は父があぐらをかいた姿を一度も見たことがありませんでした。

食事の時は、4人とも正座で、私もあぐらをかいたのは、17歳の旧制弘前高校学生自治寮北溟《ほくめい》寮の大広間扶容堂《ふようどう》で行われた入寮式の時が最初でした。私一人が正座で、ぴょんと頭一つ高いのを、指導の2年生に、あぐらでいいぞと注意され、生れて初めてあぐらをかいたら、何度やっても後ろへひっくり返り、大爆笑を受けました。

無口な父の気くばり

父は私に、私がどこの中学や高校へ行くのかとか、将来はどういう職業につくのかなどの相談は、とうとう一度もせず、結婚の時も一切口を入れずに先方の家へよろしくとひとりで挨拶に行き、結婚式場は、当時売り出し中だった料亭にひとりで決めてきました。

あとで考えると、和風で畳の上でないと、趣味で得意とする観世流の謡曲を、お客様にお聞かせ出来ないと思ったのだろうと推察しました。子どもに対する父親の男としての無言の気くばりの生涯だったと言えなくはありませんでした。

決して親の権威を振り廻すことはなく、むしろ自分がしてやれるのは、学費を必ず出して、自分は明治時代の小学校を出ただけなのに、子どもは学問をしに学校へ行くのだと、私が高校を、東京から遠く離れたみちのくは津軽へ行くのにも、あの空襲で無一文になったのに、ちゃんと入学金、学費、寮費、交通費合計30円を空襲で丸焼けの10日後に渡してくれました。４年後の、仙台の大学入学の時もそうでした。

その無口な父が生れてはじめて、私に無言のまま教えてくれたのが、「人間としての死に方」だったのでした。ゆっくりした息が止りました。

医師が人工呼吸の手を止め、手の脈を取り、心音を確かめ、まぶたを上げ、懐中電燈で瞳孔の開きを見てから静かに告げました。

「残念ですが、ご臨終です。午後10時20分です」

私はありがとうございましたと頭を下げました。隣にいた母も、お世話になりまして、ありがとうございましたと深く礼をし、後ろにいた兄も、黙って頭を下げました。

ふと、母がつぶやきました。

「私の役目は終ったね」と。

私は思わず母の手を握りました。この言葉ほど瞬間に私の心に深く突き刺さった言葉はこれまで90年の人生の中に他にはありません。

母は父と兄と私の3人の面倒を、細かく気を配りながら、毎日の世話をするために、神様がこの世に遣《つか》わされた人だったのです。

母の最も重要な役目が、今終ったのでした。と言うよりも、大晦日の夕方、火葬場の煙突から薄い茶色の煙となって空に舞上り、地球とは場所を変えて、遥か天国で、たぶん今夜からまた父の面倒に気をくばり始めるのです。兄は3年前（２０１７）この両親のもとへ行き、私ももうすぐです。

母は日本の最初の放送局があった（現・ＮＨＫ放送博物館）愛宕《あたご》山近くの鰻《うなぎ》屋角《かど》やの長女として生まれました。

すぐ下の妹は、大正時代に筑前琵琶の天才少女現れると新聞に書かれたほどの名手で、のちには宮中に呼ばれて、昭和天皇の御前《ごぜん》でも演奏し、こんなもの下さったよと、銀杯のような小さな器を見せてくれた記憶が私にあります。

　敗戦後は戦記ものを中心とする琵琶は完全にすたれましたが、叔母が主催した紅《くれない》会《かい》という一門だけは繁盛し、毎年都心の三越劇場で午前11時から午後5時までの年一回の発表会は一日中満員で、私は数カ月前から仕事をやりくりし、この日の昼間を空けてお客様のために、一曲ごとに解説する役を引き受けました。叔母と甥《おい》の間柄でしたから、無料奉仕でした。なにしろ会の名称そのものが、「くれない会」でしたから。これもまた気くばりでした。

紅白歌合戦と母の葬式

葬儀にたくさんの花輪が

昭和61年（1986）12月30日お通夜。翌31日（大晦日）午前11時から葬儀と決まり、私は29日は菩提寺の本堂に安置された母の柩《ひつぎ》を守って夜を過しました。ところが、内輪《うちわ》だけで済ませる積りで、親戚にしか知らせなかったはずなのに、なぜか朝8時過ぎ頃から、葬儀の大きな花輪が続々と運び込まれて来ました。

運んで来た葬儀屋さんに、私と兄と親戚一同の3本しか頼まなかったはずなのに、どうしたのと詰め寄ると、いえ、昨日の夜遅くから続々と電話が来まして、遅くとも11時までにはお寺に届くようにと言うことでと、弁解するのでした。

花輪はやむを得ず開いた本堂の扉の左右両脇の壁に並べられ、遂には山門を通り抜けて、表の道路に面した長い塀にまで並びました。

「どうしたわけですか」

すでに法衣《ほうえ》を身にまとった住職さんもお寺から飛び出して来て、びっくりして聞きました。

「いや、なにしろ私が頼んだのはたったの３本でしたのに、どなたからなのか……」

葬儀屋さんが花輪に、名前を書き入れた大きな木の札を入れ始めました。それを見てびっくりしました。

確かに私が去年、一昨年、その前の年と、３回だけですが、紅白歌合戦に、白組の司会者として番組に参加したことは事実です。

しかし、私は60％台に落ちた視聴率を、活字マスコミからＮＨＫの凋落《ちょうらく》、紅白の没落と書きたてられるので、なんとか70％台に回復させたいので、力を貸して下さいというその復元の部分では、ＮＨＫ職員として参加するが、定年間近のいい年をしていまさら、音楽番組の司会は不可能だから、司会者らしい進行は出来ないのでその積りでと条件をつけて舞台に立ちました。

悪役の司会者に

それまで私は除夜の鐘の中継、冬富士の中継、元日午前中の長時間スペシャル番組などで忙しく、紅白は全く見たことも聞いたこともありませんでした。

わかったのは、歌手が男女交互に出て来て、一曲歌って帰って行く善男善女型のNHKらしい番組だということでした。悪役がいないらしいのでした。これを30年も続けていれば、飽きられるのは当り前です。よし、私が悪役になって視聴者やマスコミに叩かれれば叩かれるほど、逆に視聴率は上るかもしれないと私はひとりで勝手に計算を立てたのでした。これも気くばりです。

12月はじめの最初の司会者記者会見は、あれやこれやの噂が先行したのか、各社各局の記者やカメラマンで超満員でした。

私がその頃担当していた「クイズ面白ゼミナール」という番組は、テレビ史上、と言っても、テレビ自体が私が入局した翌年の昭和28年から始まったので、歴史と言ってもまだ30年しかたっていませんでしたが、週1回放送の定時番組としては前例の無い42・2％という視聴率を挙げていました。なぜかNHK発行の『20世紀放送史』という本では、私の発想で始まった番組と書かれているそうです。

話を記者会見に戻して、広報室の職員の「ではまず、鈴木さんからひとことお願いします」と言われ、私は椅子から立ち上って言いました。

「このたび紅白歌合戦という番組に出演することになりました。放送は大晦日の夜です。しかし、まだどういう曲を歌うかは決まっておりません」

満場大爆笑となりましたが、私にしてみれば、この人達が元日の朝刊にどのくらい私への非難悪口を浴びせるか、その密度が濃ければ濃い程視聴率は上るだろうと計算していたのです。

言わば逆の、もしくは悪人の気くばりで、本来司会者として気をくばらなければならないはずの歌手やオーケストラや紅組の司会者の皆さん、特にテレビやラジオの視聴者あるいは聴取者への気くばりは、ゼロに等しくしようと、ひそかに決心していました。

およそ15年後の平成12年（２０００）１月10日のＮＨＫサービスセンター発行の『紅白50回』という綺麗な大きめの本の中には次のように書いてあります。

「鈴木健二が担当した紅白は３回だけ。しかし、その印象はあまりにも強烈だ。放送直後、彼ほど新聞や雑誌で悪評も含めて書かれた司会者は、これまでに一人もいなかった」と。

36年間も働かせて戴いた組織が、定年退職してから15年もの歳月を経ても、なおこれほどの悪評は無かったと書くのですから、平成の15年の間も、私が浴びせられた以上の悪評は無かったのでしょう。

でも私の計画は自分の予想を遥かに上廻って、芸能局ご希望の70％台を72％に、さらに翌年は78％に上げたのですから、悪評と視聴率を天びんに掛けたら、どちらが上り、どちらが下るでしょうか。あの後私は日本歴史の後醍醐《ごだいご》天皇の建武《けんむ》の中興《ちゅうこう》にならって、ＮＨＫ内部では、紅白中興の祖と呼ばれました。

自分一身にだけ気をくばる

つまり気くばりというのは、自分以外の人にするだけではなくて、時と場合によっては、身を捨ててこそ浮かぶ瀬もあれで、他人はすべて無視して、自分一身《いっしん》にだけ気をくばる場合も、無きにしも非ずということなのです。

たとえ話ですが、織田信長《おだのぶなが》には、「鳴かざれば、殺してしまえ時鳥《ほととぎす》」という言葉が当てはめられ、豊臣秀吉《とよとみひでよし》には、「鳴かせてみせよう時鳥」、そして、徳川家康《とくがわいえやす》には、「鳴くまで待とう時鳥」が当てはめられ、信長がいささか短気の悪者扱いされますが、信長自身にすれば、桶狭間《おけはざま》の戦いのように、自分自身に集中的に気くばりして、奇襲によって勝利を収める場合もあったのです。

気くばりの大部分は、ほんの数秒の間の気づかいや親切やカンなどが基本となって、相手の方の、あ、どうも程度の軽いお礼の言葉で終ってしまう場合が多いものですが、時にはその人の熟慮や思惑《おもわく》あるいは人柄、育ち、教養など、その人が持つ大きな言葉で言えば、人格とか人間性から出て来る場合も、無きにしも非ずなのです。

日常の暮らしの中では、気くばりは男性あるいは父親よりも、女性中でも幼い子を持つ母親の方が遥かに秀《すぐ》れているのは、誰でもわかることです。基本は女性が天性として持つ「優しさ」にあります。

ナイチンゲールは看護師の特性の重要な一つに、優しい心を挙げていますが、その裏づけには気くばりを実行する勇気も大切なのです。

お寺の塀の外にずらりと並べられた花輪のほとんどが、今までの3年間、紅白歌合戦に出演して下さった歌手の皆さんからのものだったのです。

その年私は紅白とは全く縁がありませんし、だいいち母は一昨日の午後に息を引き取ったばかりだったのです。誰がどうやってこんなに多くのしかも大忙しの大晦日に、母の不幸を知らせ、そして次から次へと伝えたのでしょうか。兄も私も葬儀は内々だけでやろうと、親戚にしか電話をしてなかったはずなのにです。

さらに驚いたのは、10時頃になりましたら、紅白やクイズなど、私と一緒に仕事をしていたスタッフが車で続々と焼香《しょうこう》に来てくれたことでした。大晦日という日の忙しさは、私は日本でテレビが始まった昭和28年（１９５３）の暮れから身にしみてわかっていました。

「ありがとう。ありがとう。でも話はいずれ落ち着いてからする。すぐに局へ帰ってくれ」

私はスタッフ一人ひとりに頭を下げて言いました。感謝で胸が一杯で、言葉が出ませんでした。

これが「友」という存在なのだと感じました。「友」は「共」です。喜びはもちろんですが、悲しみも、もしかしたら苦しみも、共に一緒になって感じてくれるのが

「友」です。友こそ肉親に次いで気をくばりあう最善の人だからこそ、友のいない人生ほど淋しい人生は無いと言われるのだろうと思いました。たぶん昭和60年12月31日は私の人生の中で、最も気くばりが珠玉のような光を感じさせてくれた日になるでしょう。

人は知らず知らずに気くばりをしている

ところが、お坊さんが揃ったので、早目に本堂の扉を閉じ、お坊さんも私達肉親も親戚も席に着き、読経の鐘がゴーンと鳴った直後からでした。受付けを引き受けてくれていたいとこが何度となく私の所に寄って来て、小声で「健二さんに会いたいそうです。この人が」と次々に名刺を渡すのでした。マスコミ各社各局です。

「今日はお会いしないと伝えて下さい」

マスコミにすれば絶好の話の種です。去年まで世界で最高のテレビショーであり、海外にも同時中継され、しかも視聴率をより高めたその一因らしい人間つまり私が、一転して今年は人間最高の悲しみであるに違いない母の葬儀を、同じ大晦日にやっているのですから、こんなにわかり易い話の種はそうたくさんあるものではありません。

会えば必ずあのマスコミ人共通の愚問、

「今のお気持は」

に決っていますし、それに平成になってから今日まで、むやみに使いはじめた「関係者に取材しますと」という曖昧な言葉に似せて、「鈴木さんの話では」とか、鈴木さんを知る人の話ではなどを無理にくっつけて、書いたり話したりするであろう手の内は、わかりきっています。

まさか私がたくさんの花輪を見て、まるでプロ野球のある選手みたいに、たったひとこと。

「最高でーす」

とは言いはしないのです。結局私はどこの社にも局にも対応しませんでしたが、葬儀が終って母の柩《ひつぎ》を兄と私と葬儀社の人が持って、本堂から霊柩車へ運び出した数メートルの間だけ、シャッターの音が境内中に響いただけでした。そうむざむざと、他人に話の種は提供しないぞというのが、同じマスコミに働く私のマスコミに対する反気くばりでもありました。

私達人間はこの世の中に穏やかにただ存在しているだけでも、悪いことさえしなければ、お互いに知らず知らずのうちに、実は気くばりをしながら生きているのです。独房に長い間つながれている受刑者が、日がたつうちに次第に心理的に苦しくなる原因の一つは、モノセックスつまり異性と全く出会わずに、男一人女一人だけで一日中時には何カ月も生きなければならないことだと言います。穏やかに男女仲良く毎日を生きることが、即ち気くばりなのかもしれません。

第三章　人間の未来、光の子ども達

良い先生と芸術鑑賞の関係

「良い教師は後ろから来る」

持って生れた私の性質からなのか、話や文章の内容が、本題としばしばかけ離れ過ぎてしまうのですが、この章も見出しを見る限り、またかと自分自身でも感じているのです。たぶんよそでは絶対耳にもせず目にも見ない中身になるだろうことを、話のはじめに気くばりをして、お断り申し上げておきます。

「間違っていてもいいから、考えついたら、すぐ手を上げよう」と言っても、度が過ぎると授業時間が長くなり、ただでさえ学校の先生の労働時間が平成から令和にかけてやかましくなったのに、それに水をかけてしまいます。

しかし、先生の教え方にも問題があります。

「良い教師は後ろから来る」

ヨーロッパに古代ギリシャから伝わって来ている言葉だそうです。教室の広さや机の配置の関係や昔からの師匠と弟子の間柄などがあって、日本では小学校から大学まで、先生は児童生徒学生の前に、しかも教壇の上に、黒板を背にして立っているのが原風景です。

ところが、これだけだと、先生はいつも集団としての児童生徒学生は相手に出来ますが、一人ひとりの人間としての弟子達からは遠い存在になってしまい勝ちです。殊に小学校では子ども達はまだ小さいので、たとえ先生が教壇から下りて来ても、今度は前に立ちはだかった感じになります。

子どもは顔を上げて先生の顔を見上げます。先生には威圧感があります。子どもは教わるよりも、先生による恐怖感から逃れることの方に頭が向きます。

私の本の言わばデビュー作は、もともとはテレビがまだ初期で、番組を制作する私達も、経験者皆無の素人集団の時代に、書いたものでした。そこで映像を理論的に研究してみようと、アナウンス課（当時）では、スポーツ班、国会班、舞台中継班その他の班に分れて勉強することになったのですが、私は上司から放送理論班も作りたいから、そこに入れと言われました。いざ発会となったら、この班は私一人しか入っていませんでした。班長兼班員でした。

仕方がないので、空いているスタジオを借りて、テレビの映像をひとりで考え、いろいろな自己流実験をしました。アナウンサーが生命とする話の仕方ではなく、話はどのように行われるかなど、技術以前の問題の自学自習でした。これが偶然小さな出版社の方の目にとまり、僅かな部数の本になりました。

その中で、人と人が最も親密に話しあう時の2人の眼の距離は、30センチないし50センチの間に顔が近づいた時で、この場合には、声は普段の半分の量でいいことがわかりました。お母さんが赤ちゃんに乳房を含ませている時の2人の間の眼の距離がその典型でした。言うなれば、囁《ささや》きあえる間柄です。

「良い教師は、生徒の後ろから来る」

ヨーロッパでは教師の常識とさえ言われている教え方の技術らしいのですが、この子にはここをしっかり教えてやろうと思ったら、椅子に座っているその子の後ろに廻って、背中から両腕で抱きかかえるようにします。当然先生の口は生徒の耳の近く、つまり、先述の囁きあえる距離になるのです。そこで、いいかい、ここはこうするといいよと低い声で優しく教えれば、生徒は安心してよく覚えるというわけです。

「非気くばり」の状況

これは口と言葉と耳の問題ですが、もう一つ残されているのが、眼です。先生は教室全般を見渡しながら授業をしますが、私の実験では、かなり片寄りがあるのがわかりました。これが多くの人が気づかない「非気くばり」の状況なのです。

先日タクシーに乗っていたら、カーラジオが交通情報を流していましたが、その終りに、

「ドライバーは横断歩道で右側から来る歩行者によく注意して下さい」

と言ったのを聞いて、私は私の60年近く前の実験に誤りがなかったことを知り、思わずひとりでニヤリと笑ってしまいました。

なぜ「右から来る歩行者」なのでしょうか。それは人が風景でも物でも絵画でも、正視しようとすると、まず視界の中の中央から左半分を先に眼が捕えるからです。そして、それこそ1秒の数百万分の1の速さででしょうが、視線は右へ移動して右半分を捕え、ここで一つのまとまった映像として、眼底に構成されるのです。最初に向っ

て左、次に右です。つまり、右側は一拍遅いのです。

さらに言うなれば、左にはものを早く捕える印象力があり、右はゆっくり落着いて眺める安定した記憶力があるとも言えるのです。

おこがましい言い方ですが、私は旧制国立大学では美学美術史学科に籍を置きました。３年かかって卒業しても、小学校の先生になれる単位が一つも取れないという珍しい科で、入学試験願書を呈出した時も、入学式の当日の朝も、大学の職員の人から「いいですか、この科を卒業しても、小学校の先生にもなれませんよ。それでもいいですか」と、再三念を押され、事実学生は数名しかいませんでした。それも旧制国立大学でしたから男子学生ばかりでした。

西洋の名画とテレビ映像の共通点

余談ですが、卒業してから50年ほどたって、大学から文学部創立80周年の記念大会に、卒業生代表として記念講演をして欲しいという申し入れがありました。

私はびっくりして、私はビリで卒業し、わけがあって卒業式にも出席していないほどなのでと再三辞退したのですが、結局根負けして、久しぶりに大学の門をくぐりましたが、終って教室を見学させてもらって驚いたのは、私の出身学科に、女子学生が80人もいたことで、しみじみと時代の違いを感じさせられました。

この差を重々感じながら、こうして図々しくも研究結果をこのように書くのですが、3年間、世界遺産とも言えるヨーロッパの名画を毎日見続け、大学を卒業して偶然就職した放送局が、その丁度1年後にテレビ放送を開始し、そこにたった一人で、映像の構成を研究する立場に置かれ、西洋の名画とテレビの映像構成の間には、視覚的に共通点があるということを知ったのは、まさに奇跡に近い人生の偶然でした。

その重要な一つが、前述の左が印象、右が安定なのです。例えば美術鑑賞の上でわかり易いマネやモネ、セザンヌなどの印象派の絵を見る場合、キャンバスを中央で正確にタテに切って、左右両面を同じ幅にして眺めますと、向って左側には上または右上に向って、何かのエネルギーが上昇して行くのを感じますが、右側はどこかどっしりと静かに構えて落着いているのです。これは日本画にも、西洋の他の時代の絵にも感じます。

今人気のフェルメールの絵のほとんどは、左から右へと光が射し込んでいますし、他の画家の作品でも、横たわった裸婦は、大部分が顔や頭が画面の向って左に描かれ、右側は長い脚です。どの絵も、向って左が「動」、右が「静」です。

つまり、歴史に名を残す大芸術家達も街の似顔画描きも、まず描く対象の向って左側を見つめてから描き始めているのです。

私がもし放送局などに入らず、成績優秀で大学の研究室に残ったら、この左と右を深く理論づけて、文学博士か芸術学博士（?）になっていただろうと思いますが、もはや90代では、とても間にあいません。なにしろ、タクシーの交通情報で、理論がひとりよがりではありますが、確認されている程度ですから。

ところが、これが学校の先生の授業態度に応用出来るのです。つまり先生は授業をしながら、教室の中にいる児童生徒学生の左半分を主に見ながら話しています。当然右半分の児童生徒学生は退屈するのです。

特に左側がガラス窓で、その向うに明るい校庭があり、右側は壁で暗かったりすると、一コマの授業中には、左右の子でかなりの差が理解の上で積み重なってきたりしているのです。先生と眼が合うか合わないかの違いです。

インタビュアーの気くばり

30年以上も前の話になりますが、私がアナウンサーとして現役で働いていた頃、インタビューで、この人からは涙や笑いや結論になるひとことを取ろうと思うと、その人が家庭のテレビ画面の向って左半分の印象が強い部分に映るように、私自身は右側からマイクを向けるようにしました。

この人からは、少し長くなっても、しっかりした結論が欲しいと考えたら、その人がテレビ画面の右側に映るように、つまり落着いた感じで映るように、カメラをそれとなく誘導しました。

テレビのプロデューサーやディレクター、アナウンサー、キャスター、インタビュアー、レポーターなどは、単に話をするだけではなく、その場その場の画面構成にも責任を持つ気くばりを、本番中常にしなくてはならないのです。

平成から令和にかけてのテレビは、ただただうるさくやかましいだけで、細やかに気くばりをしている人は、残念ながら見当りません。ただ自分が映ればいいだけの人達が多いのです。

そこへいくと、欧米の番組の出演者は、自分はもちろん視聴者への気くばりが利いていて、どことなく落着いています。

気をくばれば、弱者は弱者でなくなります

歴史的な視聴率の時代

90年も生きていると、思いもかけないところで、過去の自分と再び出会ったりするものです。そして、そうだ、あの頃はああだったんだよなあと、思わず感慨にふけったりします。

私にはボールペンで、これだけは中学生の頃から変らない我流の続け字で書き始めたこの1カ月ほどが、その懐旧の日に当るのです。

実は令和元年（2019）5月20日に出版社の講談社さんから、これまでの本の活字を変えるので、新しい契約をして戴きたいという文書が郵送されて来ました。契約の中身は長文の上に、難しくてよくわかりませんでしたが、懇切丁寧にここへ名前を、

ここにハンコをと、90代の私にもわかるように図解までしてある新しい契約書面に、住所氏名やハンコを、指示通り署名し捺印しました。

平成の30年の間に、私は自ら選んだ社会事業に追われ、この社はもちろん、他社からもほとんど本を出していないに等しく、『今、読書が日本人を救う』という一冊の題名だけが記憶に残っているくらいでした。ところが、契約文書の終りに印刷されていた旧著の書名を見て、へえーこんなにと驚いたのは、昭和の終りの10年足らずの間、あのただ忙しかっただけの間に、この社からだけで、5冊も出版して戴いていたのを知ったのです。

ＮＨＫから発刊されている20世紀の放送の歴史の本にも書いてありましたが、この頃の私はテレビ番組では、ニュースの形式をこれまでのフィルムを映すだけから、人が画面に出てニュースを話す今の形に改革することに悪戦苦闘していました。

一方で、東海道新幹線開通、黒四ダム完成、首都高速道路貫通、皆既日食、桂離宮などの中継から、アポロ11号月面着陸、東西冷戦さなかの東欧圏への長期取材をやりとげました。

さらに朝のモーニングショウ「こんにちは奥さん」の月曜から土曜までの生放送を

7年、夜10時以後の教養番組の視聴率は10％を超えることは無いという放送業界の常識を簡単に破って、20％から出発した「歴史への招待」を7年続けました。

最後には日本でのテレビ放送開始以来、一週一度の定時番組としては、空前で、もしかすると絶後かもしれないと言われ、42・2％を記録した「クイズ面白ゼミナール」を7年などの仕事をしていました。

重病と重税

それが祟《たた》って、重度に進行していた糖尿病が原因で、大出血の末に、50歳の時に左の腎臓を手術で摘出され、右のたったの一腎で生きながら働いていました。

その僅かな時間の合い間に、前記の5冊をはじめ、平均2年間に7冊ぐらいの割合で原稿を書いていたのでした。但し、禁酒禁煙禁遊で、食事は大急ぎで一日二回の少食生活でした。

そのせいで、今はありませんが、当時は年に一度発表されていた全国長者番付に、3回も名前がのりました。さぞや儲かったろうと思われるでしょうが、社宅を追い出される年齢になっていたので、通勤にはもの凄く不便なのに、遠隔の地に、但し銀行ローン無しで小さな家を建てたのが精一杯で、別荘はもちろんのこと、車もカメラも携帯電話もパソコンもスマホも、さては腕時計さえ、90代の令和の今でも全く持っていない年金暮らしが続いています。

原因は税金です。前記5冊の中で、最高の売れ行きで収益を上げてくれたのは、『気くばりのすすめ』（正・続）の2冊でした。外国からの調査団も発表していましたが、1970年代は世界中の国の所得税は右肩上りではあるがゆっくりと上って行っているが、日本の所得税率は、垂直に上っていると言われた時代でした。

出版各社からの支払いは、銀行口座に振り込まれましたが、私のフトコロを猛烈な勢いで走り去って、税務署に直行しました。

基本は一介のサラリーマンですから、多少は入ったお金を大事に大事に使いましたが、余ったお金は、定年退職後に、私が10代の青春時代から夢見ていた「感動無しに人生はあり得ない」と「人のために生きてこそ人」の2つを、何らかの具体的な形にするために使いたいと考えていました。

それには東京と放送や出版などのマスコミを離れようと決心しました。縁あって熊本へ行き、県立劇場の運営を委任されました。

「こころコンサート」「日常塾」

赴任後直ちに県下全市町村を巡歴しましたが、あまりの過疎と地方の無気力に驚きました。そして日本の政治行政に痛憤を感じる一方、このどん底から立ち上るための原資に、熊本県立劇場文化振興基金を自分で創設し、ここにあの出版から得たお金や退職金の残金をはじめ、講演などで得られる私財を寄付として投入しました。

これによって、過疎で衰退した地域伝承芸能の完全復活上演や、多数の障害者や障害児を含む県民の愛と感動の大合唱「こころコンサート」を、それぞれ10年間にわたって毎年春と秋に上演したり、若い女性のために、全国初の公立文化施設直属のチアガールチームを結成したりすることが出来、70歳からは再び青春の地津軽に立って、「自分で考える子になろう」を旗印に、全市町村の小学校を巡回授業することが出来ました。青春の夢が60代のいわゆる老後で漸《ようや》く形になりました。

さらに熊本では「日常塾」、青森では「あおもり塾」という社会人のための学習サークルを開き、私が「心友《しんゆう》」と呼んでいる合せて千数百名の方達と、なんと11年間も学びあうことが出来、2つの塾生は私が75歳の時に閉塾してから90代の今日まで、奇跡としか形容不可能の交流を続けています。

どの演目も、上演当日は劇場がはち切れそうになるほどの超満員で、まさに村おこし町おこしは心おこしが原点と感じた私の感覚通りでしたが、その原資となった経済面での基礎を蔭になって支えてくれたのは、前記のように『氣くばりのすすめ』（正・続）の２本の印税でした。

私が前記2篇の本が出版されて間もなく定年退職して地方へ出てしまったので、それからおよそ40年間、『氣くばりのすすめ』の編集者の古屋さんと会えずにいたのですが、偶然平成から令和に変る頃、久しぶりに再会したのでした。そこで丁度稿を進めていた随想の1冊を、古屋さんにお渡しすることにし、それを発送しようとして郵便局へ行ったのが、あいにく日曜日だったということなのです。

しかし、同時に私は『氣くばりのすすめ』の筆者としても、また青春時代の夢を叶えてもらった人間としても、古屋さんに何かの形で謝意を表しておくことが、この世で私がしておかなくてはならない大切な仕事ではないかと感じました。

交通事故の現場感

それには記念としてもう一度「気くばり」がいいのではと思って筆を執ったのがこの本なのですが、退位即位改元などを記念する前例の無い10連休が終った直後、滋賀県大津市で、大きな不幸が交通事故によって惹き起されました。

T字路で右折しようとした車が、直進して来た車と衝突し、そのはずみで、衝突された車が、信号待ちをしていた保育園児達の中へ突っ込み、2つの幼い命を奪ったのです。

直接現場へ行って取材したわけではありませんので、新聞や放送で見た限りの範囲での判断ですが、この件にも、先程書いた人間は向って左側を先に見るために左は印象が強く、そこから視線が右へ行き、向って右側は安定して落着いて見えるという私的芸術鑑賞論が当てはまる気がするのです。先程の「ドライバーは右から来る通行人に注意」とも共通します。

右折しようとした車をA、ぶつかられて左斜めに進ませられて、園児の群れに突っ込んだ車をBとします。

証言でAは「Bの一台前の車が通り過ぎるのは見た」と言っています。しかし右折しようとしていて、視線が直進車Bへ戻るそれこそ1秒の数千分の1ぐらいの時間の間のワンタッチ前に、B車が来てしまっていたのです。

Aは証言で、Bにぶつかってから B に気がついたと言っています。この際、AがBの一台前の車を、たぶん1秒か2秒見送らなければ、衝突は起らなかっただろうと思います。

私も一度経験があります。長野県での出来事でしたが、私は講演会主催者が駅へ廻してくれた大型の乗用車の後部座席進行方向左側に座っていました。T字路にさしかかりました。Tの字のタテの線が私から見て左側にありました。つまり私はTの上の線を、向って右から左へと走っていたことになります。

タテの線を下から上へ若い女性が運転していた赤い色の車が走って来て、T字路の手前で一旦停車したのが見えたのですが、何を思ったのか突然発車し、たまたまT字路にさしかかった私が乗っている車の、私のすぐ横にあったドアに、ド――ンと真横つまり直角にぶつかりました。お寺の鐘の中に頭を突っ込んだみたいに、ゴ――ンという音が10秒以上続きました。もし小型車だったら、ドアは破壊され、私はかなりの重傷を負ったと思います。

　車からわんわん泣きながら出て来た女性は言いました。

「右折しようと思って、まず左から来る車を確かめたら、1台も見えなかったので、大丈夫だと思って、発車してしまいました」と。

　つまり彼女は私の車からすれば、対向車線の車を、左を見て確かめようとし、その視線のまま右へハンドルを廻してスタートしてしまい、折悪しく私の車にぶつかったのです。

　ここにも、左から右へ視線が移動する一瞬にもならない時間が微妙に存在し、それは芸術作品の鑑賞と同じ作用なのです。人間の生理的機能は別々に働くのではなく、一人の人間の生理として、常にひとまとめになって働くのです。

　こうした機能が分断された状態が、いわゆる認知症と呼ばれる状態なのでしょうか。昨日、昔ちょっと顔見知りだった方と数年ぶりで道でお会いしたのですが、一カ月程前からご主人のお母さんで、私と同い年の方が、急に嫁であるその方に、どちらさまですかと聞くようになったとか。私もそうならないうちに、この原稿を書き終らないと……。

「あの子達が人間の光なのです」

あ、そうだ。重要なことを思い出しました。

なぜこの章を書こうとしたのか、それは前記の一瞬に起った悲しい事故のこともありますが、私個人としては、その場所が滋賀県の県庁所在地大津市であったことと、思い出してみると、私はこの事故現場を、平成の頃にはおよそ10年の間ぐらい、毎年一度は朝早く散歩していた場所だったからです。その潜在機能が突然よみがえったためでした。

昭和43年（1968）のこと。私は琵琶湖畔で行われた吃音《きつおん》の方に対する発声発音の基礎練習の会に、仕事で湖畔の近くの町に来ていたので、ボランティアとして参加させて貰い、その翌日近江学園を見学させて戴きました。知的障害児の収容施設です。これをお建てになった糸賀《いとが》一雄《かずお》園長先生は、もともとは公務員だったのですが、敗戦後一念発起して、この園を造られました。

陽ざしを浴びて、子ども達は元気に遊んだり、それぞれが可能な仕事に一生懸命打ち込んでいました。私も何かお手伝いをと思ったのですが、ごく普通のサラリーマンの悲しさで、手に何も職業指導の技術を持っていません。一つあったのが、子ども達に言葉あるいは言葉づかいを教えることでした。放送開始以来の最も下手なアナウンサーと自認――他認も（？）――してはいましたが、これはなあに、こ、れ、は、リ、ン、ゴって言うんだよぐらいは、根気よく繰り返せばやがて呑み込んで貰えました。

しかし、これさえも、重度の障害のある子には、容易なわざではありませんでした。それは前日の吃音矯正でもそうでした。私は糸賀先生に言いました。

「先生、なんとかして、この子達に光を与えたいものですね」と。

すると温和な先生の表情が一瞬引きしまって、こうおっしゃいました。

「鈴木さん。それはあなたの間違いです。この子達はいま一生懸命仕事をしています。その子はビーズに糸を通しています。あの子は割り箸を袋に入れています。一日中あして脇目もふらずに続けています。あの仕事は神様があの子に与えて下さったたった一つの人間としての能力なのです。あの子達は嘘をつきません。人をだますこともしません。あの子達が人間の光なのです」と。

私にとって、まさに大逆転の発想でした。この子達に光をなどは、なんという思い上った言葉でしょうか。私は自分の頭と心の真ん中を、巨大なハンマーでガーンと叩かれた思いがしました。

この先生の言葉が、これから約25年後の障害者や多数の障害児を含む8千人の愛と感動に満ちた大合唱第1回「こころコンサート」へとつながって行ったのです。人間というのは、目に見えない光で、どこかで心をつなぎあっているものです。

22のコーラスグループが練習

この第1回の「こころコンサート」が終演した直後、劇場の会議室で共同記者会見を開きました。取材各社各局の要望でした。

例によって私への質問の第一声は、

「館長、今のお気持ちは」

と、日本のマスコミが十八番《おはこ》の決り文句でした。私は答えました。

「窓の外をご覧下さい。施設に帰る子ども達と、3年間ボランティアで一緒に練習してくれたコーラスグループのお母さん達が、さよなら、さよなら、元気でね、また会おうね、一緒に歌おうねと、手を一生懸命振りあって、別れを惜しんでいます。

3年前に私が一つ一つの養護学校や施設やコーラスグループを歩いて、全県下の市町村を巡回した時は、なんでそんなことをしなければならないのですかと、全員が反対したのです。しかし、この今ご覧になっている光景が私の気持ちのすべてです。この人達が人間の光なのです」

私は30年近く前の糸賀先生の言葉を、すでにお亡くなりになられた先生には無断で借用して答えました。

その時、一団のグループがそーっと部屋の中に入って来ました。ある養護学校の子ども達と先生とコーラスのお母さんのグループでした。その先頭にいた一人の男の子を見て、私はかけ寄り、

「よく歌ってくれたねえ」

と思わず立ったまま抱きしめました。その子は私の両腕と胸の中で、何度もうなずきました。先生やお母さん達が、鼻をすすり上げたり、指先で溢れてきた涙を拭いました。

「ありがとうございました」

先生が言うと、お母さん達は頭を下げました。私はお礼を言うのは私の方です、ほんとうによく歌ってくれましたと言って、その子の後頭部の髪をごしごしと撫でまし

た。

足がガクガクふるえる思い

実を言うと、私はコンサートの中間で、それこそ底知れぬ深さを持つ断崖絶壁のふちに立たされ、足がガクガクとふるえる思いをしたのでした。

私は3年間、県下22カ所に借りた練習場を、絶えず見て廻りました。どこででも、「今、22のグループが練習していますが、ここのグループが一番上手だという噂をどこでも聞くので、ぜひ一度拝見したいと思ってやって来ました」

と挨拶すると、どこでも嬉しそうな拍手が起りました。そこで私はさらに言いました。

「よそへ行っても、同じことを言ってます」

なーんだと言う声と爆笑がどこでも起りました。なにしろコーラスグループの皆さんと、障害者や障害を持つ子ども達が、手をつないで歌うまでに初対面から3カ月かかり、肩を組んで、時々笑顔を見あわせながら歌えるようになるまでに、さらに3カ月かかりました。気分をほぐす役割が果せるのは私一人しかいないのでした。

このとき部屋に入って来たのはある養護学校のグループでした。ところが、体育館での練習中、５年生のこの子は、グループの中には入るのですが、ただ突っ立ったまま、口を結んで絶対歌わなかったのです。

先生があの子は外へ出しましょうかと言いましたが、私はいや全く興味が無ければここから出て行きますよ、何かの関心があるから、終りまでじっと立っているんですよと答えていました。しかし、とうとういつの練習も立ったままで過ぎたのでした。ところが……。

コンサートは超満員のお客様の声援、時には歌声もまじって、順調に進み、やがてこのグループの出番となりました。私はコンサートホールの一番後ろの壁に背中をつけ、立ったまま見ていました。

グループが舞台に並びました。それを見て私は思わず飛び出しそうになりましたが、足がすくみました。あの子が横に並んだ最前列のしかも真ん中、つまり、お客様の視線が最も集まる所に立ってしまったのです。

このまま曲が始まっても、全く歌わないあの子が終るまで立っていたらどうなるか。コンサートは素晴らしい企画演出そして歌声だったが、時には障害児を観衆の眼にさらしものにしてしまう場面もあったと記事に書かれたり、もしかしてテレビの画面に映し出されたりしたら、「人間皆平等」を歌い文句にしてこのコンサートを4年前に企画して以来の苦労は、すべて水泡に帰すどころか、県民やマスコミからの怒りや嘲笑を受けるのは間違いありません。膝がガクガクふるえるのを、止めようもありませんでした。万事休す以上の水の泡でした。

練習で歌わなかった子が歌った

1曲目の前奏が始まりました。私が最も好きな曲「翼をください」でした。練習中でも、

「この大空に翼をひろげ、飛んで行きたい」

という歌詞になると、殊に車椅子の子ども達の心情が察しられて、私はいつも胸が詰まる思いがしていたのでした。しかし……。

あの子が……歌ったのです……じっと前の方を見つめ、直立不動の姿勢で……先生達もお母さん達も気がつき、あの子を見つめました……女性の先生は手で口を覆い、お母さんの中には、眼に手を当てて人も出てきました。

しかも2曲目。子ども達が歌に合わせて、一斉に揃ってでんぐり返しを1回するア

クションがあったのですが、それもあの子ははじめてしまいました。

終ると先生やお母さん達が一斉にあの子のもとまで駆け寄って、次々にあの子を抱きしめました。場内のお客様は事情がわからなかったのか、始めはしーんと静まり返りましたが、やがて万雷の拍手がグループ全員が退場するまで続きました。

障害者や高齢者時には女性に対して、マスコミや政治行政は、弱者という表現を使うことがあります。しかし、このあと私は熊本で2回、福岡、北九州、埼玉、そして、わが青春の地津軽は弘前で、このコンサートを開催する好運に恵まれましたが、この世に弱者は存在しないのです。力を合わせる優しさがあれば、手をさしのべる勇気を持てば、人は皆人なのです。愛と感動を与えあう気くばりがあれば、人は誰でも人なのです。

多数の外国人が近所に住み、女性がさらに職業社会へ進出するようになると、近い将来日本人の暮らし方はかなり変化せざるを得なくなり、その先駆けとなるのが令和の時代である予感がしますが、要はお互いに「人間」であることの証明の「愛」を持ち続け、交しあえるかにかかっているような気がします。

20年後の悲劇の道

私がＮＨＫを定年退職して暫くしてから、滋賀県庁から一通の文書が来ました。見ると、

「この度当県では、障害児の父糸賀一雄先生の障害者福祉に対するご貢献を顕彰して、糸賀一雄記念賞を発足させることになりました。

日本及び世界殊にアジア各国から推薦された方の中から毎年一名ずつを委員会で選定し、感謝状とともに、副賞として金２００万円を贈呈し、今後一層のご貢献を期待するものです。

つきましては、本委員会の委員にご就任戴き度く、よろしくお願い申し上げます」

大略このような文面でした。なんで私がと思いましたが、こころコンサートを通して、多くの障害者や障害児と接しているし、あの「人間の光」を教示して下さった糸賀先生の顕彰ならばと思い、村おこし町おこしの社会事業に超多忙でしたが、参加させて戴きますと返事しました。

毎年秋に1回、滋賀県大津市で委員会は開催されましたが、委員は福祉関係の大学

の学長先生など、その道の権威の方ばかりで、言わば福祉の門外漢は私一人で、外国人の選出のための下調査は、国連の方が担当され、毎回出席なさっていました。

日本では200万円は今どき驚くほどの金額ではありませんが、途上国では学校が2校か3校建つ金額です。推薦された方の中には、大統領や首相の推薦のサインが書かれている資料もあり、この賞の権威を物語っていました。

それにしても、世界の殊にアジアの国々で、障害者福祉に素晴らしい貢献をなさっている方がこんなにもたくさんいらっしゃることを選考を通じて教えられ、私は毎回深い感動を持って、委員会の末席を汚《けが》していました。

楽しみが一つありました。委員会は朝10時から開かれますので、どうしても前の晩は大津市内に一泊しなくてはなりませんでした。そして私は朝早く起きて、琵琶湖のほとりを散歩したのです。36年間ただひたすらテレビ番組の制作を、テレビ発足のはじめからし続けさせられた私には、時には健康維持のための散歩はありましたが、♪われはうみのこォさすらァいのォたびにしィあればァなど、琵琶湖周航の歌をひとり口ずさみながら湖畔をのんびり歩くような心のゆとりは、この朝以外ありませんでした。

しかし、その時から20年後の令和が始まって僅か1週間しかたたない日に、あの道で悲劇が起ってしまったのでした。

委員会はほぼ10年間続いたのちに閉会しました。私は政府各省や地方自治体から、様々な委員会への参加を求められましたが、積極的にしかも感動をもって出席したのはこの会だけで、逆に残念ながら最低の委員会は戦争中の従軍慰安婦への福祉金支給の会で、発足3カ月後には、辞任しました。

第四章　人間不在の非気くばり社会

100調べて、1つ使う

無機質な受付けに驚く

平成が終ろうとし、令和が始まろうとする平成31年（2019）の4月中旬、あの10連休の直前ですが、なんと56年ぶりに、NHKのラジオ番組に出演しました。そして、さらに31年ぶりに、テレビにも出ました。

ただし、いずれもほんの数分間話をしただけでしたから、新聞のラジオテレビ欄にも載《の》らず、当然視聴者からの何の反響も、知人からの見ましたよ聞きましたよの反応も全くありませんでした。なにしろ放送した時間が、すべての日本人が熟睡の真最中の深夜と夜明け前、それに昼間のEテレでしたから。

しかし、私は番組のテレビ用ビデオ収録とラジオ用音声録音のためにスタジオに入ってびっくりしました。ああ、自分は日本でテレビ放送が始まる丁度1年前の昭和27年2月1日に、偶然の結果とは言え、曲りなりにもＮＨＫに就職し、放送開始以来の最も下手なアナウンサーを自認し、一方ではＮＨＫの問題児と内部では呼ばれ続け、外部ではＮＨＫの視聴率男と書き立てられながらも、36年間も働かせてもらって、昭和が終る63年（１９８８）1月23日に定年退職して良かったなあと思いました。

　放送センターの建物自体は、その昭和63年1月23日の午後9時頃、誰も見送ってくれる人もいなかった中を、玄関を出て、お世話になりましたと建物に深く一礼して、門の前のバス停から、荷物を抱えて渋谷行きのバスに乗ってお別れした時と全く変っていませんでした。

　もっともここは昭和39年（１９６４）の東京オリンピックの時から使用した建物で、それ以前は都心の日比谷公園近くの内幸町《うちさいわいちょう》にあったラジオだけの建物で、私も入局3年目からここで働いていました。

　その前は新人として熊本中央放送局（当時）で働き、昭和28年（１９５３）6月26日の熊本大水害に遭遇しました。熊本市内を流れる白川の水が氾濫し、放送局の1階の天井まで水が来ましたが、辛うじて九死に一生を得た体験がありました。

オリンピックで現在の放送センターを使い始めた頃は、正面（4階）、3階、西口のそれぞれの玄関は通行自由でした。当時、エライ人が将来にわたって、センターの廊下には椅子一つ置かず、広々とゆったりとした感覚で仕事をして貰う積りだと発言して、職員から馬鹿ァ言え、1年ももたねえよと馬鹿にされたものでしたが、職員の予想通り、オリンピックが始まる頃には、廊下に長椅子が並べられ、そこで面会や打合せなどが行われるようになってしまいました。

ところが、久しぶりに西口で担当ディレクターに出迎えられて中に入ってびっくりしたのは、まるで鉄道の駅の改札口にあるような自動改札機そっくりの機械が並び、入口受付で入館の旨《むね》を係りの職員に告げると、首からぶら下げる長い紐《ひも》のついた入館カードが渡され、それを機械にかざすと、入口が開き、通ると守衛のおじさんが2、3人、腕を後ろに組み、口を真一文字に結んで、見張っているのでした。

ここまでやると、本来はさりげなく見張って気くばりをするはずのこうした場での優しい心づかいは、厳しい看視に変化して、ちょっとした恐怖心に変ってしまいます。

以前は会社の受付けには、女性社員の中でもべっぴんさんが選ばれて座っていたものです。デパートのネクタイ売り場がそのやり方の代表で、男性客を呼び寄せる手段でした。ところが今は大病院でも中高年の男性がいて、まるで刑務所へ面会に来たような気分で、名前を記帳させられる所が増えて来ました。

守衛さんの後ろには、廊下には何も置かないという55年ほど前の発言は影も形も無く、逆に鳥小屋のようなガラス張りの部屋が連なり、廊下には椅子と机がずらりと並んでいました。善意に解釈すれば、それだけ半世紀の間に番組が増え、放送の社会的役割が増大したのでしょうか。

「クイズ面白ゼミナール」伝説

私が退職前の7年間、つまり昭和の最後に担当して放送したのは、「クイズ面白ゼミナール」でした。週刊誌によれば、視聴率42・2％という、週一度の定時の番組としては、空前にしてたぶん絶後の番組でした。ＮＨＫ発行の本にも私の発案で生れたと書いてあるそうですが、30年後に玄関を通ったその時に思い出しました。昭和54年（１９７９）の秋の終り頃、この西口玄関で、私が外へ出ようとした時、ディレクターが４人か５人横一列になって、私とは逆に、外から中へ入ろうとしました。そのすれ違った際に、１人が鈴木さんと叫びました。

「なあに」と私。

「面白い番組作れませんか」

「どこの局？」

「芸能局です」

「芸能ならあるよ。クイズだよ」

「クイズですかァ」

「うん。今ＮＨＫにも民放さんもクイズ番組が花盛りだけれど、あれは全部クイズじゃない。当てものだ。暮れの大売り出しのクジ引きみたいなもんだ。クイズってのは、ある事柄をよく調べて、そこからわかり易い形にした問題を作って、さらに面白く納得がいく解答を与える、これがクイズだ」

この会話があの高視聴率の番組を生んだきっかけだったのでした。玄関で生れたのですが、そんなゆとりは今の西口には皆無で、多くの人が押し黙って行き来するだけでした。

ラジオでもテレビでも、スタジオに案内されて驚きました。広さ明るさは私がいた昭和の頃の2倍から3倍あり、何よりも変ったのは、ずらりと並んだ機械の多さでした。人はほとんどいないのです。テレビではカメラマンが1人、音声のミキサーが1人です。おまけにアナウンサーが座る椅子とその前の机の上にも、何かの機械が置いてあったりして、機械には小学生時代から弱い私は、それ見ただけで話したくなくなりました。

私の定年前の話をすると、前記のクイズは毎週木曜日の夜ビデオに撮り、日曜の夜7時20分から8時まで、いわゆる大河ドラマ直前の放送で7年間続けました。

並行して退職3年前から、「お元気ですか」という題で、毎週日曜日の朝7時半から8時まで、総合テレビで各界の著名人との対談を、3年間担当しました。

さらにその前7年間は「歴史への招待」という日本史の番組（うち1年間は昭和史）、その前1年半が諸外国への長期取材、その前が毎週月曜から土曜日までの毎朝、全国各地から15人ほどの奥さんにスタジオにお越し願って、女性や家庭を取りまく日常のあらゆる問題を話しあうモーニングショー「こんにちは奥さん」を7年。

こうなると私にすれば、一つ一つの番組の最後の仕事になる生放送やビデオ撮りの本番中が最も楽な時間で、このおよそ合計約25年の間は、おびただしい量の資料を徹底的に集め、それをすべて読みこなし、必要な事柄をまとめて頭の中へ叩き込む作業が連続しました。

その間にある数分のすき間を利用して、『気くばりのすすめ』などの原稿を書きました。その他、月刊誌週刊誌新聞への連載やコラムにも、ボールペンを走らせました。出張する飛行機や新幹線の座席が私の書斎で、正直に告白しますが、拙著の98パーセントは機内車内で書かせてもらった原稿です。

「鈴木さんは、100調べて1つ使う」

どの番組でも、スタッフの間で交されていたひそひそ話であったことは知っていました。

月曜日はクイズの資料集めに走り廻り、火曜と水曜と木曜の午前はそれらを読み、途中火曜の午後3時から2時間スタッフと打合せをし、木曜の4時からクイズのテストと本番、8時に終って全員で食事。金曜は「お元気」のゲストの資料集め、土曜と日曜午前にそれを読み、午後に主としてご自宅または指定された場所で、ぶっつけ本番の収録。これが定年前の私の職業生活でした。

ところが、集めた資料、主として本がアナウンス室の私の机の四方に、床から160センチほどの高さで積み上り、城壁のようになって、時々これが崖崩れ状態になだれ落ちました。この現象を仲間達は集中豪雨の時に起る土石流《どせきりゅう》になぞらえて、書籍《しょせき》流と呼び、ＮＨＫ名所と言われて、マスコミがよく取材撮影に来ました。囲まれた中で読んだり書いたりする時、私はヘルメットを冠《かぶ》って椅子に座っていました。

女性アナウンサーをニュースに起用

今回出演するラジオの1本は、女性アナウンサーによるインタビューだと、事前にディレクターから聞かされていました。昔取った杵柄《きねづか》で、少くとも50年ぶりに、今度は自分がインタビューされる場合になると、あの頃の「１００調べて、１つ使う」の習慣が、逆に自分によみがえって作用し、どこから何を聞かれても間違いがないようにと、私は手もとにあった自分の著書十数冊を読み返して、あれはあの頃だったのだと自分を確認しました。相手も１００調べて1使うで質問して来るだろうと速断したからです。

幸いなことに、アンカーという昭和の時代には存在しなかった肩書のインタビュアーからの質問は、ほんの僅かな近況だけに終ったので助かりました。

手造りに近かった昭和の放送と、この機械がかなりの役割を占めているかもしれない平成令和の番組制作の大きな違いも感じました。番組に対する気のくばり方が違うのです。良し悪しではなくて、人間中心主義からいささか機械依存主義らしき状態への移行で、令和ではもっと急速に進む気がしました。

わかり易く、しかし話が冗漫になりそうですが、テレビのニュースを例にとります。東京オリンピックの前年の昭和38年（１９６３）の正月。出勤すると、放送総局長から会長室に来るようにという電話がありました。勤めて10年そこそこの若いアナウンサーである私には、ほとんど縁の無いエライ人が、突然何の用があるのかな、悪いこともしてないのにと思って行くと、会長・総局長・報道局長・次長その他の最上層メンバーがいました。すると会長が、

「忙しいのにすまん。用件というのは、いま担当している番組は3月一杯ですべて降りて、４月から報道に力を貸してやってくれないかということなんだ」

「つまりテレビニュースをやれってことですか。アナウンス室にはニュース担当の人が20人ぐらいいますけど。先輩ばかりですが」

「あのねえ、ニュースを変えたいんだよ」

報道局長が言いました。

「変えるって、どう変えるんですか」

「そこを智恵を貸して貰いたいんだ」

「会長。以前は報道局長をしていましたが、局長時代に新しいことを何かしましたか」

「え、うん、シューターを造ったな」

「あの筒の中へ原稿を入れて、天井にめぐらしたパイプ管の中をすっ飛ばすヤツですか」

「まァな」

笑い声が起りました。

「わかりました。私は一介のサラリーマンですから、組織の命令には従わないといけません。ニュースとは全然縁がありませんでしたが、やるだけやってみます。しかし、私にも条件があります。言っていいですか」

そこで私が挙げた第一条が、女性アナウンサーをニュースに登用して欲しいということでした。

「尊敬に価する技術を持っている方が何人もいるのに、なぜか私はこの方達がニュースを読んでいるのを、見たことも聞いたこともありません。男女同権の世の中ですが……」

「考えてはいるんだが、女性の伝えるニュースを、日本の男達が信じるかどうかって、いつも報道局内でそこのところが話に出てねえ……」

「是非やって下さい。それからニュースに必要なのは、今その問題や事件がどう進展しているかを伝える「今」という観念です。交通事故が起ったら、その場へ急いでカメラが行って、加害者と被害者が話をするのがいいのですが、それは無理です。しかし、その現場に一番早く到着するのが記者ですから、記者が現場からなるべく早く報告が出来るように、小型の中継車を造って、全国の各局に配置してはどうですか」

人間不在がじわじわと

その他いろいろ、今から考えると、50年も前の状況は信じられないほど幼稚ですが、私は本気でした。

案の定、記者は猛反対し、私のところへ集団でやって来て、女性にニュースとは何事だ、我々は記事を書くのが仕事で、話す訓練は受けてないんだ、お前は報道局を乗っ取る積りかなどと攻撃して来る有様でした。

しかし、あれから半世紀たった今、テレビニュースは花盛りで、ファッションに身を包んだ女性アナウンサーが多く登場し、記者、キャスター、解説委員、レポーター、インタビュアーなど多種多様です。

ところがいま、私の見る限り、テレビで殊にニュースとその関連の番組で、最も多く使われる言葉は何だと思いますか。

「それはッ……こちらっ」

なのです。そう叫んで壁一杯にたくさん貼《は》られた紙を、斜めに引きはがすのです。放送局側からすれば、NHKも民放さんも、これはニュースを伝える新しい技法と思い、文字でこんなに丁寧にたくさん情報を提供すれば、より良く理解されると考えてのことでしょう。確かにその面は無くはありません。

しかし、「こちらっ」の連発で、過ぎたるは及ばざるが如しで、局側のこうした気くばりはお節介に近いほどうっとうしく感じられる場合があるのです。

第一にいきなり壁一杯の文字が映し出されるので、視聴者は家庭のテレビ画面の中から、何と書いてあるのかを判断しなくてはなりません。次に一枚一枚「こちらっ」

の掛け声とともにはがして行くのを眺めると、このアナウンサーやキャスターやコメンテーター達は、真面目にニュースを伝えているのか、それともうまくはがせたことを得意がっているのか、このニュースはたいした問題ではなく、ニュースはひっぺがしショウなのかと思ってしまうのです。

かんじんなのは「人間不在」になってしまうことで、大事件が視聴者とは関係のない遠くの町での交通事故でしかなくなってしまうのです。

「遠くで起きた列車の衝突事故で、多くの人が死傷しても、人間は恋人が小指に怪我《けが》したほどにも感じないものだ」

フランスの諺《ことわざ》です。いまテレビを見ていると、昭和のテレビ発足期のような存在感のある人がいません。どこのチャンネルを廻しても、同じ人が同じ時間に出て来ます。一方ではいわゆるお笑い番組をやり、片方ではニュースショーの席に座っているのです。

ロボットが人間のやるべき仕事、例えば職業を近い将来には奪ってしまうのではないかとさえ心配される令和の世ですが、それ以前に、人間が人間の心を奪う現象が、気くばりの感覚や善意を抹殺して、人間相互の不在を惹き起そうとしています。歩きスマホがその一つの典型ですが、「はいっ、こちらっ」のひっぺがしも、善意の積りで人間不在をじわじわと生んでいる気がします。

普通の日本語への気くばりを

言葉の職人として

36年間お世話になった日本放送協会に、一人でひっそりとお別れしたいから開かないでと前々から何度も頼んでおいたのに、広報室が記者クラブに押され、私が定年退職の日に帰ろうとする寸前、夕方暗くなって、急きょ共同記者会見が行われることになりました。

例によって例の如く「今のお気持ちは」のこうした席での習慣的愚問から始まりました。

「私は先祖代々の江戸下町の商家に生れ育ちましたので、放送で暮らして行くためには、アナウンサーでしたから、いわゆる標準語を使わなければなりませんでした。普段は『てやんでえ、べら棒めェ』という江戸風の下町言葉で暮らしています。ですから標準語というのは、私にとっては外国語みたいなものでした。でも明日からは自分の言葉で生きて行けるんだと思って、今ホッとしています」

と答えました。正直な気持ちでした。

私は昭和27年（1952）に入局し、新人として熊本中央放送局（当時）で働いたあと、昭和30年から東京のアナウンス室で、一番下っ端のアナウンサーとして勤めることになりました。本当を言うと、この仕事はあまり私には適職ではなさそうだったので、転職も考えていたのですが、テレビ放送が始まったばかりで非常に忙しく、40人そこそこのラジオ体制のままでテレビの仕事もするという状態でしたので、なかなかやめるとは言い出せませんでした。

アナウンス室の真ん中のデスクの上には、連絡簿と呼ばれていた1冊のノートが置いてあり、ばらばらの勤務なので顔を合わせる時が無いと、1年中会わない人もあるので、お互いに必要事項を勝手に書き込んでよいことになっていました。

熊本から着任したその日に、私はそのノートに書き込みました。

「新人の鈴木健二です。私は先祖代々の江戸弁で、なかなか標準語になりません。もし私が番組で江戸訛《なま》りを使いましたら、よろしくご指摘ご指導下さい」と。

25歳だったこの頃から、こうして思い返せば、私にはささやかな気くばりが潜在していたのかもしれません。ＮＨＫのアナウンサーが妙な言葉づかいをしたとなれば、標準語の権化《ごんげ》のような諸先輩に申しわけが立ちません。これが適職でない原因の一つでした。

しかし、このことから退職までの33年間、私はスポーツの実況以外のあらゆる種類の番組制作に参加し、定年の日の共同会見で目の前に集って来た記者さん達から、放送界最後の職人という異名さえつけられましたが、言葉の点では定年の日まで苦労することはありませんでした。

「わたし」ではなく「わたくし」

逆に平成になって間もなく開かれた国語についての討論会の席上、大学の先生から、鈴木さんが放送で使う言葉づかいを、日本の話し言葉の標準語にしたらどうかと提案されて、「じょじょじょ、ご冗談でしょう」と、その場から逃げ出したことがありました。

そのように言われる理由は、私が10代の旧制弘前高等学校の学生時代から、自分のことを「わたくし」と呼べたためであると確信しています。第一人称がしっかりしていたのでした。

英語ならば、イギリスは女王陛下も女性も男性の市民も、一人称は「アイ」ですし、ドイツ語ならは、たぶんゲーテもベートーヴェンも、「イヒ」だったはずです。

ところが、日本語は「あたくし」「あたし」「わたし」「ぼく」「おれ」「わし」「自分」、ここに各地の方言の「うち」「わー」「おう」などを入れたら、きりがありません。

長い封建時代が続き、今日はこの方に、明日はあの人にと、お仕えしなければならない人がたくさんいて、その人にあわせなくてはならなかったのと、小さい国土に山が入り組んで、小さな集落に分れて住まざるを得なかったために、ひと山越えると言葉が違う状況に長い間置かれたためもあったと思います。

「あたしこの本読んじゃった」とは言いますが、「わたくしこの本読んじゃった」とは言わないのです。「わたくしこの本読みました」と、ひとりでになるのです。はじめ良ければ終りも良いのです。

私は旧制高校の学生自治寮で、600人の寮生の物心両面の世話をする寮務委員長を務めました。激職なので、規約では半年交代になっていたのですが、敗戦直後の日本史上最悪の暗黒しかも超食糧不足時代でしたのに、なんと2年間、卒業間近まで務めさせられました。時代の成り行きのせいだったとしか考えられませんでした。

週に1回は全寮生を大広間に集めて、多種多様な事項を伝達したり、自分は授業に出る時間が全く無いほど、食糧などの調達に追い廻されて、県下はもちろん東北6県を歩いていたのに、寮生には授業には必ず出ろとか、衛生面に気をつけろなどと話をしました。

その際、「ボク」では委員長として軽い感じがするし、「オレ」では品格に欠けるし、「自分」では、敗戦の憂き目にあった日本の兵隊さんのようだしと迷っているうちに、最上級生の3年生になった頃には、自然に「わたくし」になり、おかしいという学生はおらず、そのまま大学を通過して、「わたくし」が自分の言葉の中に定着しました。これが私の商売道具になった標準語の習得を助けてくれました。

ところが、いまテレビを見ていると、自然に「わたくし」と言えるのは、上皇上皇后様並びに天皇皇后両陛下と宮様方、それにほんの少数の年配のかなり知的に高い女性の方達だけで、あとはほとんど「あたし」「わたし」です。

若い男性やお笑いタレントに至っては、お客様であるはずの視聴者を無視して、「オレ」と自分を呼んでいます。その度に番組の価値が下って行くのに気がつかない。つまり気くばりが無い結果なのです。

基本中の基本の結論を言いますと、女性はいつどこでも誰の前でも、自分のことを「わたくし」と呼ぶことです。地方だと何を東京ぶってと言われるかもなどと言い逃れをしないで、優しく「わたくし」と言うことです。

男性も百歩譲って、工場や会社の片隅での男同士の会話ならば少しは「オレ」も許せますが、会議やお客様や上司の前などの改まった場では、「わたくし」と言えないと、いつまでたっても、平社員で窓際族の立場からの脱出は不可能です。男としての品格に欠けるからです。


「なんです」ではなく「なのです」

ついでに、ＮＨＫの女性アナウンサーでも、「……なのです」と言うべきところを、「……なんです」と言います。ここでも結論を先に言っておきますと、「……なんです」と言うと、あんたは知らないだろうけれど、あたしは知ってんのよというごう慢さが表に出て来てしまいます。

話し言葉でも書き言葉でも、「ん」を使うと、文章でも言葉づかいでも品格が下るのです。実《みの》るほど頭《こうべ》を垂れる何とやらで、昔に比べて、女性の地位が社会的に高くなった、あるいはこれからはもっと高くなりそうな時代になればなるほど、個人としての女性はより優しく謙虚で穏やかであって欲しいのです。

声の質は女の子でも父親に似る場合がありますが、話し方は女の子も男の子も母親に似るのです。オッパイを飲ませ、おしめを替えてやるだけが、子育てではないのです。赤ちゃんには耳もあるのです。

もう一つ。令和の早い時代までに、あの「ヤバイ」という言葉を、日本全国民の口から吐き出させて、完全に追放して戴きたいのです。私にはその運動の先頭に立つ意志はあるのですが、90代の今となっては時間がありません。

良い言葉づかいが消えてゆく

敗戦直後つまり70年前の昭和の時代に、私は東京の中野区で偶然前科19犯で、そのすべてが賭博犯だったという当時83歳で明治生れの小柄な老ヤクザに出あいました。背中に竜の入れ墨をしていましたが、高齢のため背中にもしわが寄り、竜がくしゃみをした顔になっていました。

どういう話のつながりだったのかは、70年も前のことで忘れましたが、なぜか一つだけ印象に残っているのは、ヤクザ者がバクチをする時に、イカサマをするそうですが、その手口の話をしてくれたことです。中身は全く覚えていませんが、これだけは耳に残りました。

「よろしゅうござんすか、若旦那」

彼はなぜか初対面の私を、若旦那と呼びました。その時、私は20歳でした。

「こういう手になったら、ヤバイんでござんすよ。こんなのも、ヤバウござんす」

と、語尾にむやみにヤバイがつくので、

「そのヤバイというのは、良くないという意味ですか」

と聞きますと、あははついヤクザモンの口癖になっておりやして、すいませんと言いました。

なんでも江戸時代には、矢場《やば》と言って、現在のパチンコ屋さんみたいな所で、的に向って小さな弓で矢を射て的に当ると、ドーンと太鼓が鳴って、女の人が当りィと言い、帰りにちょっとした景品かわずかなお金をくれた所が盛り場にあったそうです。

たぶん令和の時代に、アメリカのカジノのような場所が日本に数カ所建設されるそうです。国営に似た賭博場もこうした運命を辿《たど》りそうですが、江戸時代の矢場も、やがてその中の幾つかにヤクザの手が入り、女達は怪しげな行動をするようになり、お上《かみ》の手が伸びて、営業禁止になって行ったとのことです。

矢場から怪しげとか悪いことの表現として、ヤクザ者の間に、ヤバイという言葉が通用するようになったんじゃなかろうかというのがこのお爺さんヤクザ先生のヤバイについてのお話でした。

奇妙なことに、私がＮＨＫを退職する5年ほど前、つまり昭和55年頃から、ＮＨＫの各階のトイレの壁に、「不審なことがあったら、８８１番へお電話を」という言葉が印刷された小さな紙が貼られるようになりました。

それがやがて８８１の上に、８８１をもじったのか、ヤバイという片仮名がつくようになりました。最初は上手な当て字だと思いましたが、ヤバイの言葉が全国的に蔓延し、かつては美しい言葉の使い手であった20歳前後の女性から、さらにこうした言葉には拒否反応を示すはずの60代70代の奥様方までが、ビールを飲みながら、平然と使うようになりました。言の葉《ことのは》の国であった日本から、良い言葉づかいは、敗戦後の昭和に始まって、平成で消えて行った感があります。

悪貨が良貨を駆逐する

災害が横暴を極めた平成の世に、国破レテ、山河モ、ついでに言葉モ無くなって行った感があります。

駆け出しの新人だった頃、先輩から「声は人なり」とか「言葉は人なり」という教えを、何度となく繰り返して言われたことを思い出します。

女性アナウンサーのニュースへの大量進出は、放送を離れて30年以上もたった私が、今でもオリンピック直前のあの時、「今はニュースをお伝えしますの時代ではないですよ。今日はこういうことがありましたと、茶の間の方達にお話しする時代です。それには女性が話すほうが良いニュースがたくさんあるはずです」と、エライ人達の前で図々しく言った55年以上前のことをあらためて思い出す90代の近頃です。

その一方、言わなきゃよかったなという反省も同時に湧いて来ます。

ラジオではそうでもないのですが、テレビでのニュースなどを聞いていると、女性がこんなにも早口で、しかもむやみに声が裏返り、何を言っているのかわからない場合がしばしばあり、ここは私の計算違いだったなと思うことがあるのです。立ってニュースや話を伝える時に殊に多く見られる現象で、座ってだけではなく、立って伝える場合の基礎訓練を、新人時代から厳しくやっておくのがいいのかなと、遥かな後輩達に気くばりをしてしまいます。

「社会改革とは、女性が変化することである」

1789年のフランス革命以来、ヨーロッパに定着していると伝えられている言葉です。敗戦以後の日本での女性のあり方は、まさにこの言葉の通りだと実感します。

しかし、変化して向上した面もあれば、反動的に下落した点もあります。敗戦後の男女共学で、女の子の言葉づかいが、悪貨は良貨を駆逐するの例にならって、男の子のぞんざいな口のきき方に引きずられて悪くなるのではないかと共学の発足当初心配されたのですが、残念ながらこれは図星《ずぼし》でした。言葉を使って長い間妻子を養って来た実績のある私もそう思います。

奥さん達は民放ばかり見ていた

向上した最たる現象は、職業社会への女性の進出です。管理職の不足などが取り沙汰されはしますが、１０００年以上にわたって、封建社会の中で、農業中心に男が職業社会を造り、江戸時代が令和の今から僅か１５０年前に終るまで、女性の職業は芸者さんになるしかなかった日本では、この差はやむを得なかったところがありますが、令和には差は大幅に縮まるかもしれません。

かもと憶測で書くのは、昭和の時代ならば、私一人ででも外へ飛び出して取材したり、必要な資料をかき集める体力も気力もありましたが、90代に入って、杖にすがってのろのろとやっと歩いているようでは、放送や新聞での他人が集めて来た資料に頼る他はないからです。

思い出としては、先述の会長室へちょっと来てくれの３年後、またもやちょっと来てくれになったことです。

そのわけは、民法さんの３局のモーニングショウの力が強く、奥さん達が比較的家にいる時間と思って、ＮＨＫの営業局の集金さんが、戸別訪問で受信料を戴きに行くと、どこの家もつけているのは民放さんばかりで、うちはＮＨＫは見てないの、と払って下さらないので、なんとかして民放さんに匹敵する番組を放送したい。ニュースはあれから3年たって片がついたようだから、こっちに手を貸してくれとのお達しでした。この時から22年後の定年退職まで、まさかの時の鈴木さんとＮＨＫ内部で呼ばれ続けた2度目の動機でした。

案の定、話はすぐに外に洩れて、中央の大新聞までが、デカデカとした見出しで反対しました。

「真似《まね》、真似、真似。およしなさい鈴木さん。視聴習慣はそう簡単には変りませんよ」

50年後の今もはっきり記憶している某大新聞の夕刊社会面での見出しでした。番組発足前の共同記者会見でも、散々こづかれました。

「わかりました。民放さんを傘下にお持ちの新聞社さんなら、当然面白くないでしょう。しかし、ＮＨＫにはＮＨＫとしての視聴者や受信料への責任があります。すみませんが、3カ月待って下さい。3カ月たって視聴率で現在のように民放さんに遥かに引き離されているようでしたら、またここで皆さんにお会いして、頭を下げます」

私は尋常小学校、旧制中学、旧制高校、旧制大学の出身で、学校の中に女の子がいたのは小学校だけで、それも男女は別々の組でしたから、私は社会に出るまで、母親以外の女性と話をしたことが全く無かったのでした。

「こんにちは奥さん」に電話が殺到

発足した番組は「こんにちは奥さん」という名称で、毎朝全国から15人ほどの奥さんにスタジオにお越し戴いて、女性や家庭や子育てなどにまつわる問題を、井戸端会議的に話しあうのが、月曜から土曜まで休み無しに7年間続きました。何を語りあったか50年以上たつと全部忘れてしまいましたが、1件だけ記憶に残っています。

始めて3カ月ぐらいに、女性と職業というテーマで働いている方達ばかりで話しあいました。開始間もなく私の手もとにメモが渡されました。

「電話が殺到しています。いま話をしている奥さん達は、子育てをどうしているのかです。よろしく」

つまり、女性も人間であることを主張して職業についたのと、母としての子育てと、どちらが大切だと思っているのかというお怒りでした。

学校の夏休みが過ぎた9月の中旬、再びこのテーマで話しあいました。しかし、電話は1通も来ませんでした。つまり夏休みの間に、家庭にいる奥さん達も、これからの女性の生き方として、職業を持つことも重要な撰択の一つであることを理解なさったのでした。

昭和41年（1966）の話です。発足3カ月後僅か1パーセントでしたが、視聴率で民放さんを抜きました。週刊誌がその後間もなく大きな見出しをつけました。「いくら不払いしようとしても駄目。鈴木健二が直接取りにやって来る」

前述したように、表向きはアナウンサーでしたが、その頃から私の仕事はそれは全体の3分の1で、あとの3分の2は、受信料の銀行振込み口座へのお願いに廻ったりする仕事でした。

テレビ放送は、どんどん拡大する受信機に電波が追いつけず、日本中のあちこちに、都会ではビルかげ、地方では山かげなどで、テレビは備えつけたが、映像がサッパリだの音声が聞えないだの、ジェット旅客機が発着する度に画面が揺れて見えないからなんとかしろだのの苦情を少しでも緩和するための公演でした。各地で催した受信者サービスの会の講演に、ＮＨＫ職員の中で飛び抜けて数多く引っ張り出されました。

その超多忙の不規則が30代半ばから糖尿病をもたらし、40代に入っての痛風、尿路結石と進んで、遂に50歳の秋に、大出血の末に、左の腎臓を摘出する大手術となったことも、前に書いたとおりです。以来40年、私は右の腎臓一つで、奇跡的に生き永らえています。しかも長期外国取材や新しい番組の制作にも加わりました。いまさらながら、丈夫な右の腎臓を授けてくれた亡き母に感謝しています。

第五章　最高にして至善のたしなみ

食事の作法はその国民の作法

超食糧不足の時代に

戦争中及び敗戦直後の昭和25年頃までの日本は飢餓のどん底でした。その真っ最中に、運悪く20年の３月10日、私は東京大空襲で、生れ故郷がまさに一瞬にして焼土と化し、その半月後には旧制弘前高校に入学するために、津軽へとひとりで都落ちしました。空襲でほとんどの大学や高校が休講していましたが、大陸の占領地からの留学生を集めて開校していた高校のうちの一つが弘前高校の文科だったからです。

８月、敗戦。超食糧不足。その中で前記のように、３００人の寮生の物心両面の世話をする寮務委員長を、規約ならば半年交代なのに、余人を以て替え難しという理由にもならない理由で、卒業間際（昭和22年末）まで務めさせられました。

たとえ大根めしや蕗《ふき》めしでも、1日3食を確保するために、青森県下全市町村から東北6県、時には北海道まで、いつ来るかわからない列車やバスに、時には荷物を運ぶ馬車に乗せてもらって歩き廻りました。期末の試験以外はほとんど教室に行けませんでしたが、学校は学生としては駄目だが、社会に出せば少しは役立つかもと考え、出席日数超不足にもかかわらず、創立以来の最低点で卒業させてくれました。旧制高校のいいところでした。

卒業してから四十数年後、国土庁長官だったこともある一人の後輩が大新聞のコラムに、あの時、先輩に鈴木健二さんがいてくれなかったら、我々は勉強も卒業も不可能だったと書いて、謝意を表してくれました。その彼もすでに鬼籍に入ってしまっています。人間の気くばりとはこんなのもあるのです。

動物にも、子育てなどの本能に近い形で、心と呼べるような形の精神作用がありますが、人間が他の動物と極端に違うのは、人間には遥かに広大無辺の「心」の働きがあるからです。

その心の中で、人間にはあって動物には絶対無いのが、食事の礼儀作法です。動物はただ単に空腹を本能的に満たすだけの食事をします。

しかし、人間は神に感謝したり、作物を提供してくれた農民や漁民、さては料理してくれた母に感謝し、しかも共に食卓についた人にも、さらに自分自身にも、食事が単に空腹を満たすだけの行為ではないことを表現する礼儀作法を修得しています。

また食事は子どもの躾《しつ》けの場でもありますし、楽しい会話の席でもあります。

「食事の作法は、その国民の作法である」

イギリスでかなり昔に作られた言葉のようですが、まさにその逆の不作法だという実感を持つのが、昭和平成の日本人の食事ではないでしょうか。令和では万葉の昔までとは言いませんが、せめて昭和の敗戦前までの行儀作法に戻って下さい。

一番神経を使うのは「後ろ姿です」

昨日の日曜日、夕食を摂《と》りにレストランへ家内と入りました。すぐに隣の席へ高校時代の同窓会かクラス会かの帰りでしょうか、50歳前後と思われる同じようなタイプの女性が6人、賑やかに楽しそうにお喋りしながら入って来て、席に着きました。

全員が足を組んで座りました。最近は女性で椅子に座るとすぐに足を組んで座る人が多くなりました。時と場合によっては、マナーでもあるそうなので、それはそれで結構ですが、続いて全員がスマホをバッグから取り出し、中にはタバコをくわえて火をつける人もいました。

店員さんが注文を取りに来ると、4人がビール、2人がワインでした。女三人寄れば何とやらで、さだめし盛大なお喋りが始まるのだろうと思っていたのですが、案に相違して、全員がスマホに熱中し始めました。

お酒が来た時だけ、カンパーイという女声合唱が店内に響きました。近頃は真っ昼間でも見られる光景です。お料理が来ました。スマホはバッグにしまわずに、テーブルの上に置かれたままです。

いただきますと言った人も、軽く頭を下げて謝意を表した人もおらず、中には左手で箸を持つ人もいました。ただし、全員が足を組んだままです。

敗戦後日本の家屋構造がマンションや団地を通して変化し、椅子の生活をする家庭が多くなりましたが、まだ欧米人のように、椅子の扱い方が日本人は身についておらず、西洋人は手なれた小道具のように椅子を使いますが、日本人は背が低く、手足が短かいせいもあるのか、椅子はまだ日本人にとっては大道具です。どこかぎこちないのです。日本観光に来た外国人殊に欧米人が、きものを着て、畳の上に座って、箸を持って記念写真を撮るあの不恰好《ぶかっこう》の逆の形と見ればいいようです。

私の見聞が極端に少いせいもありますが、欧米の女性が足を組んだまま食事をしている姿を、ほとんど見かけたことはありませんが、今や日本では、女子高校生からご高齢の方まで、平気で足を組んだまま召し上ります。

どうしても組んで上になった足の方へ体が少し傾きます。後ろから見るとよくわかります。後ろ姿も身のうちとはよく言ったものです。

舞踊の名手だった武原《たけはら》はんさんに、踊っている時に、一番神経を使うのはどういう時ですかと聞いたことがありました。言下《げんか》に、

「お客様の方に、後ろ姿を見せた時です」

前にお客様がいる時は、自分がどのようにお客様の眼に映っているか、美しいかどうかがカンでわかるが、背中を見せた時に、果して美しい形であるかどうか、反応が感じられないので、自分で経験的に判断する他はない、それも瞬間のうちにというわけです。

テレビでは最近むやみやたらに料理や食事をする風景が映る番組が、昼夜を問わず多くなりました。制作する側から言うと、食べる番組は、大当りはありませんが、ハ

ズレもありありません。ただ出演のタレントさんに食べさせればいいだけですから、まるで動物に餌を与えるように、お料理を並べさえすれば、あとは終りの時間を待っていればいいのです。

テレビの初期に料理番組に出演される先生達は、実にこまめにふきんを使われ、番組進行中にもよく使われましたが、最近の先生でふきんを使われる先生はほとんど見当りません。たぶん材料も料理法も器具も変化して、食べ易く処理出来るようになってきたからでしょう。

しかし、あの立ったままパクつかせられるタレントさんは気の毒です。ものを食べている時の表情は、人間の持つ表情の中で、最も醜いそうで、昔から馬が何かを食べている時の顔つきに似ていると言われます。それがテレビ画面にクローズアップで映され、おいひいーっと言わせられるのです。口の中に料理が入っているので、おいしいと言えずに、おいひいーっとなるのです。

この時、隣で召し上っていらっしゃった奥さま達の家庭の食事風景も似たり寄ったりでしょう。

左箸＝左バッター

　左箸の人が多く見かけられるようになりました。私どもが子どもの頃は、いつもは左でもいいけれど、箸と鉛筆だけは右手で持つようにと、親が懸命になって教え、あまりやかましく言うと、子どもが吃《ども》るようになるとまで言われたものです。

　プロ野球が敗戦後盛んになり、私も令和2年（2020）の巨人の原監督が新人で三塁手だった頃、お笑いになるでしょうが、スポーツ新聞に毎日プロ野球の批評を連載していたほどのファンでした。本も2冊あって、『巨人が強けりゃ文句なし』『巨人が強けりゃこの世は極楽！』という題で、表紙を見ただけで、中身が丸見えという本です。今は私の他の本と同じ様に絶版です。

　そして、ひいきにしている選手は、私自身が放送界最後の職人と言われたせいか、他の選手には無い技術を持っている選手が好きで、打撃の神様川上哲治《かわかみてつはる》さん、世界のホームラン王王貞治《おうさだはる》さん、イチローこと鈴木《すずき》一朗《いちろう》さん、そしていまアメリカにいる二刀流の大谷翔平《おおたにしょうへい》さん。全員左バッターです。

　だから左利きには理解がある積りなのですが、足を組んだまま食事をする女性が、体を傾けてしまうように、左箸の場合は、右の人よりも大きく口を開けないと、食べ物が口に入らない欠点があるのです。

美術史で芸術家の描き方を細かく分析してもわかる場合があると思っていますが、右手と右腕が比較的柔かく曲線で動くのに対して、左手や左腕は直線的に動くのです。そのため右箸は口と平行になり、箸の先の食物が口の近くに来て、柔らかな感じで入って行くのですが、左は直線的に動くので、箸が口と直角になり、口を大きく開けないと、箸の先の食べ物が口に入らないのです。

つまり、真正面にいる人からは、口の中が丸見えになるのです。あまり見栄《みば》えの良い風景ではありません。しかしこれだけ左利きが市民権を得た時代になっているのです。左利きの食事作法を研究指導する人が出て来てもいいのではないかと思います。

あいにく私は左手では何も出来ず、杖も持てません。左腕はただぶら下っているだけです。隣の席にも一人だけ左箸の人がいました。この年代の女性には、あまり見かけないので、時々ちらっと盗み見しましたが、やはり異質な風景です。

美しく食べるということ

たぶん同窓会かクラス会で久しぶりに会ったのだから、女三人寄れば何とやらの倍の6人ですから、盛大なお喋りが始まると覚悟していたのですが、2、3人で話をする人もいれば、知らん顔してスマホをいじっている人もいました。近頃よく見かける構図です。

恋人同士かなと思うと、席に着くやいなや別々にスマホが始まって、人生の会話の中で一番楽しいはずの恋の語らいの場面が全く無いのです。なんのために2人で来たのでしょうか。

私が50年近くも前に、原子力のような文明の利器は、これが人間にどのような幸福をもたらすかを、徹底的に論議してから製造販売して下さいと、電気機器メーカーのおえら方達にお願いしたのは、ここなのです。

人間が発明発見した利器が、かえって人と人との関係あるいは人間それ自身または人間の心を抹殺してしまうのではないかというこれも私の気くばりなのです。もしかしたら、その本格的戦いの始まりは、令和の時代ではないでしょうか。スマホの使い方の反省が、その発端になるのでは。

さらに驚いたことがあります。6人が席を立ってお帰りになったあとのテーブルの上の乱雑な食器の置き方、そして、食べ残したお料理の多さでした。

たぶんこの6人は、家庭では3度の食事の主導権を握っていると思うのですが、そのリーダーが、どれをどのくらい食べたらいいのかの見当もつかないのでしょうか。

美しく食べる。これが食事の基本です。それゆえに食事の始まりに、戴きますと感謝し、キリスト教でも神に祈るのです。ただ食べりゃあいいってものではないはずなのに、これでは犬や猫の食事の仕方、時には残すことにおいては、犬猫以下です。

統計によると、日本人は一人一日お茶碗一杯のご飯を、食べずに捨てているそうです。全国で600トン以上の食事が捨てられているという話です。

私はお酒を50歳以後断ってしまったので、宴会や食事の集りは、可能な限り欠席させて貰っていますが、たまに出ると、宴が終ったあとのあの料理の余り方に驚きます。家庭では良き父や母である年代の方達なのに、お料理を作った方への気くばりがゼロなのです。

敗戦を境に、日本人から食事の作法が消えてしまいました。食事ほど気をくばる行為は人間にはないのです。食事の作法は即ち国民全体の行儀作法の基本という立場からすると、昭和の敗戦後と平成を通して、日本人は人間として最も必要な日常の心のありようを、全く失ってしまったに等しいのです。きっとあなたも、レストランなどで、もったいないなあと、他人の食べ残しを見て思ったことがあるでしょう。

「武器よさらば」こそ最高至善の気くばり

「戦争」の臭いが

平成元年から15年まで、私が10代の青春に抱いた「感動無しに人生はあり得ない」と「人のために生きてこそ人」の2つの自家製処世訓を何かの具体的形にしたいと、主として熊本県と青森県で、過疎で衰退した地域伝統芸能の完全復元上演や、多数の障害のある人や子ども達を包み込み、最高1万2000人が参加した愛と感動の大合唱「こころコンサート」を企画制作しました。私は60代になっていました。

さらに、「自分で考える子になろう」を旗印に小学校巡回授業を試みたり、両県で社会人の学習サークルを作って、1500人近くの心の友と学びあったりして、私は自分の人生を75歳までに自分なりに造り上げた気がしていました。

しかし、マスコミの奇妙なドンチャン騒ぎの中で、賑やかに令和が発足し、即位も行われ、アメリカのトランプ大統領までが来日して奉祝し、数万の警察官が警備に動員された時に、驚くべき事態が北海道で突発しました。

この本のはじめの方でも触れましたが、元経済産業省官僚の国会議員が、

「戦争をして、四島を取り戻す」

というその人自身の私見を、大勢の人の前で発言したのです。

しかし、政府与党は、また本人の後援会は、さらに地元の人は、そして、北海道の自衛隊の幹部は隊員は、四島にいま住んでいる人達は、それぞれどういう意見なのかの取材記事は、どこのマスコミにもほとんど見当りませんでした。

皮肉にもここを書いている時は、令和元年（２０１９）5月26日日曜日で、アメリカのトランプ大統領が日本へ来て、ゴルフをしたり、大相撲を見物したり、どういう料理か知りませんが、炉端焼きという料理を食べたりした日です。この北方四島を戦争で取り戻すという話は、トランプさんにも伝わるのでしょうか。アメリカにはアラスカ州があるのです。

昭和16年（１９４１）12月8日、私が中学1年の時に、ハワイを奇襲攻撃して、あ

の呪《のろ》わしい戦争の発端を作ったわが日本の連合艦隊は、まず当時北海道の千島列島択《えと》捉《ろふ》島の単冠湾《ひとかっぷわん》に集結し、そこから出発したそうです。

「武器よさらば」の大合唱を

日米安保を不公平と言う一方、アメリカの銃社会をトランプさんはずっと容認したままです。今日にでもアメリカのどこかで、銃の乱射事件が起るかもしれないのです。アメリカでは令和になってからも銃乱射による凶悪事件が続きますが、日本はまだ少しましです。

でも、戦争にしろテロにしろ、それは最悪の政治であり、国民の敵です。平和の最善の表現は何でしょうか。

それは、ピストルから核爆弾まで、すべての武器を全く持っていないことです。

私は60歳から75歳まで、熊本と青森を中心に、ささやかな社会活動をしてきましたが、80歳を過ぎてから杖にすがって歩くようになって、足腰はあまり役に立たなくなりましたが、手はまだ動くので、数え年91歳になると同時に、再び懐かしのボールペンを握ることにしました。

そこで必ず書くのは、「武器を捨てよう」なのです。あの昭和20年3月10日の東京無差別大空襲の夜、恐怖のどん底に落し込められた体験と、この世のものではない、つまり人間らしい死に方ではない死に追い込まれ、すさまじい叫び声と形相を、私の目の前で見せながら亡くなって行った無数の臣民を追悼して必ず戦争はするなと書きたいのです。戦争をしてと言う若い議員さんと正反対なのです。

北朝鮮で金正恩《キムジョンウン》さんが発射現場で立ち合って、ミサイル実験遊びをするなら、勝手に日本海で遊ばせておいたらいいじゃないですか。その代り、1回のお遊びで、1発を高い空を経て海へ落したら、わが日本は自衛隊のピストルを1丁、日本海へ投げ込めばいいではありませんか。武器よさらばと合唱しながら。2発ならば2丁です。

令和は「武器よさらば」の大合唱をする時です。世界中で日本人だけでも。

ここで他の拙著と同じ様に、「武器よさらば」を挿入させて戴きました。

隣組《となりぐみ》を作りませんか、都会も田舎も

とんとん　とんからりと　隣組
あれこれ面倒　味噌　醬油
ご飯の炊き方　垣根越し
教えられたり　教えたり

昭和のはじめ私が小学校から中学校へ通い始めた時に戦争が始まり、やがて4年後に東京大空襲によって近所隣が四分五裂にされ、その夜からおよそ75年後のいまも、いったいあの頃の近隣のどなたがどこでどう生きているのか、ほとんどの人が消息不明です。

当時、いわゆる下町風に、落語で言えば、ご飯の時に、「おかわり」と言ってお茶碗を差し出すと、あいよっと言って、隣のオカミサンが壁の穴から手を出して、お茶碗を受け取ってくれるという、向う三軒両隣が独特の雰囲気を作りながら、それこそ喜怒哀楽を共にして暮らしていました。それに加えて、国からの行政指導もあったでしょうが、隣組という組織がありました。

私が生れ育った本所区亀沢町1丁目には、27番地に1号と2号の2つのグループがあって、私の家は2号でした。一戸建ての家はわが家だけで、あとは3軒または4軒続きの長屋でした。そして、わが家が組長をしていました。

1号の組長さんは、なぜか町内でここだけが道路が土になっている、子ども達の絶好の遊び場で、紙芝居が2つも来ていた2間《けん》幅ぐらいの道を挟んだ、やはり一戸建ての歯医者さんでした。

その頃よく歌われ、ラジオでも度々放送されていたのが前記の歌で、それこそ文字通りの下町的交流の中で私達は暮らしていました。

自ら「文化振興基金」を

しかし、敗戦で臣民から国民に変った日本人は、ちりぢりばらばらにされた上に、新しい住居形式が西洋風の団地型になって、畳よりも板の間、敷き蒲団よりもベッド、銭湯ではなく内風呂（バス）へと、形を急速に変化させました。それと同時頃、昭和が50年代に入り、『気くばりのすすめ』（正・続）が世間に行き渡り始めた頃には、ほとんどの団地やマンションの家庭は、鉄のドアの向うに閉じこもって、隣の人とも言葉を交さなくなりました。

また一軒家が立ち並ぶ住宅地も、隣の犬の名前は覚えたが、隣の家の子の名前や顔は知らないのが当り前の雰囲気になり、その風潮が都会から田舎と呼ばれていた地方まで広がってしまいました。いわゆる近所づきあいが、日本から消えてしまったのです。代りに登場したのが、一人暮らし、高齢化、孤独、孤独死などです。

さらに悪かったことは、そこへ阪神・淡路大震災を先頭に「災害の平成」が30年間もぶっ続けで襲って来たことでした。

私はすでに昭和が終る直前に定年退職し、マスコミと東京を離れて、まず熊本県へ行って社会活動を始めました。熊本の広がった休耕田に、長々と伸びた雑草が生い繁り、小中の学校が閉鎖や併合に追い込まれ、限界集落まで発生している恐ろしいまでの過疎に驚き、10代青春の夢を何かの形にしようなどという野望は、委任された熊本県立劇場着任直後に、完全に粉砕されました。この県市町村の文化を知りたいと、1日1町、1日1村の予定で巡回の旅に出た1カ月後のことでした。

そして、自分の地域の文化を土地の人々が維持したり、新しい文化を創造したりする予算は、国にも県市町村にも公立の文化会館のどこにも、一銭も無いこともわかりました。文化会館はすべて単なる貸し館で、いわゆるハコモノに過ぎないのでした。私の人生設計は早やばやと槿花《きんか》一朝《いっちょう》の夢と化してしまいました。

着任3カ月後の10月1日、私は行動設計を全面変更して、劇場に文化振興基金制度を自分で創設し、ここに僅少でしたが、10カ月前に貰った退職金などをその原資にしようと考えました。

マスコミは鈴木健二が動けば、文化も動くという超大袈裟《おおげさ》な見出しで、移籍には大金が支払われたみたいな記事を書いていたりしましたが、実際にはそのようなお金はビタ一文も動かず、市町村の文化を調査するために県の車を1台、しかも私は運転が出来ないので、運転手さん付きで貸して下さいとお願いしただけでした。

その後、熊本でも10年後の青森でも、私が戴いたのは、県庁の課長さんクラスの本給から舎宅使用料と電話使用料を引き、庭の手入れ、赴任退任の引っ越し料並びに交通費は自分持ち、役職手当及びボーナス無しの金額でした。しかし、私は男たるもの、働く所に住み、住む所で働くのが本来のあり方だと、必要で県外に出て行く日以外は、熊本でも青森でも毎日出勤しました。

両県とも私は退職したあとで、熊本には「年に4回開かれる理事会に出席して、ご意見をお述べ下さい」という文書があり、青森では、「月に4回（つまり週に1日）出勤すること」という規約みたいなものがあったのを知ったほどですが、当時流行して問題となっていた高級公務員の月給泥棒的勤務は全くしませんでした。

NHK時代からの重い糖尿病を背負い、50歳で左の腎臓を手術で摘出された以後90代まで腎臓が右一つしかない体なのですが、いま振り返っても、皆勤賞に値する勤務ぶりだったと自信を持っています。

振興基金の原資にもなり、逼迫《ひっぱく》する家計の下支えにもなってくれたのが、何度も書きますが、『気くばりのすすめ』（正・続）をはじめとする本の原稿料から源泉徴収税、消費税、所得税、地方税を引き去った後の残りのお金でした。

これが無ければ、その後敢行した村おこし町おこしの郷土芸能完全復元上演や「こころコンサート」「自分で考える子になろう」の巡回授業、さらに熊本と青森の社会人のための学習サークルなどは、全く開けませんでした。尊敬すべき編集者は多くいましたが、残念ながらほとんどの方が、すでに鬼籍に入られています。私と同年輩の方が多かったものですから。

他人をうらやんでも仕方ないが

またその年のはじめのつまり8カ月前のＮＨＫの退職金、と言いましても、退職の日の夕方の記者会見の直前に、退職金の書面を理事からお渡ししますので、人事部までお越し下さいと電話があったので行くと、紙を持ったエライ人が、

「36年間ほんとうにご苦労さまでした。我々にとっても淋しいです。しかし、鈴木さんは旧制大学の卒業ですし、しかも終りの5年間は理事（つまり重役）待遇でもありましたので、退職金の額はＮＨＫが始まって以来の最高額かもしれません」

そう言って一枚の紙を手渡してくれましたが、それを見た途端に私は叫びました。

「あれェ、これ他の人の退職金ですよ」

「え――っ、そんなことはありません」

「いや、見て下さい。終りのところに書いてある総計の額を。◯（まる）が1つ足りませんよ」

そこで部屋中の大爆笑となりました。ＮＨＫは昭和の頃は、別名をＮＨＫの中のＨ

をもじって、出演者からは日本薄謝協会とも呼ばれていましたが、職員の間では、薄給協会と言っていました。

平成の終りに官庁の仕事に重大なミスがあって、次官が辞職することになり、国会でも問題になりましたが、その人の退職金が36年勤めて約５２００万円か５３００万円とかでした。実は私も時代こそ違いますが、36年間働いたのでした。しかし、創立以来最高と言われた退職金の額は、この半分弱でした。まさか平成の30年間に物価が2倍にはね上ったとは考えられません。やはり、嫁に行くなら公務員、勤めるならば官庁自治体と、明治時代から言われ続けているゆえんです。

他人をうらやんでも仕方ありませんが、とにかくそんな程度の基金でしたが、村おこしは村に残った人々の心おこしから始めようと、再び巡歴の旅を始めました。

農山漁村の危機に衝撃

しかし、都市での市民の孤立化と同じ様に、農山漁村でもすでに青年団は消滅していました。消防団は小人数の女性の手に移り、婦人会に入ると、村や町の行事を手伝わせられるが、老人会は補助金も役場から出て、時には外国旅行にも団体で連れて行ってくれるというので、お嫁さんが老人会に入り、年を取ったお姑《しゅうとめ》さんが婦人会に入っている所もありました。村の若者と言われるのは、60歳以上の男性で、都会では定年退職した私同様の男性でありました。

村の人の心の絆の表れであった祭りは消え、子どもの声は聞えませんでした。私は農山漁村をここまで追い込んでしまった日本の政治行政に痛憤さえ感じました。と同時に、マスコミの最先端に立っていながら、この現実を全く知らなかった自分を恥じました。

その時の衝撃は、あれから30年以上たった今も、私の心の中で続いているほどです。神社には神主さんがおらず、小学校の教室では、4年生5年生6年生の数人が、1つの教室の中で勉強していました。

政治とは国民に対する良き気くばり以外の何物でもないのです。日本の場合、明治維新以後昭和の敗戦に至るまでの政治は、天皇を神と仰いで、最高最善の御稜威《みいつ》を八紘一宇《はっこういちう》に洽《あまね》く照らすという至高の官製気くばりを掲げ、それはそれで新国家日本を長い封建制武家社会から解放出来たのですが、昭和に入って照らす範囲を広げ過ぎて、誤ってしまった感がありました。

あ、思い出しましたが、トランプ大統領歓迎の宮中大晩餐会《ばんさんかい》が催された5月27日は次の28日にかけて、日露戦争（明治38年）で、日本の連合艦隊と帝政ロシアのバルチック艦隊との間で、日本海で盛大に撃ちあった末に、日本が大勝利した日でした。忘れていました。

80代の末頃から私も人並みに（？）ボケて来たらしく、これをした次にはあれをしようと考えるのですが、先にあれをしてしまって、これを忘れてしまうようになりました。

宮中大晩餐会では、お料理を作る人や運ぶ人が、緊張の極みの気くばりをなさったに違いないと推察しますが、この日本海海戦でも、東郷平八郎《とうごうへいはちろう》連合艦隊司令長官が、戦闘開始直前にマストに掲げたZ旗《ぜットき》の「天気晴朗なれども波高し。各員一層奮励努力せよ」の言葉の裏には、勝利を祈る大変な気くばりがあったように思えます。なぜならば、全艦隊必死に戦うべしではなくて、各員つまり一人ひとりが努力して欲しい、だったのですから。

この海戦の時に、村上第二艦隊司令長官が示した気くばりを、私は『気くばりのすすめ』に、確か数行ですが書いた記憶があります。

今あの日から120年後の5月27日午前7時30分ですから、海戦と晩餐会の違いこそあれ、奇縁と言えば奇縁に値する気くばりへの思い出しではありませんか。90年間生きていると、こういうめぐりあわせが、運命の神様の気くばりによってもたらされることもあるので、もう少し生きてみようかという希望も、いささかボヤケて来た頭の片隅に浮かぶのです。

どんな形にしろ、何らかの刺激があるからこそ、もう少し生きてみようかというささやかな自分への気くばり、つまり決心も生れて来るのです。たぶん孤独あるいは孤独死という平成の間に造られて来た生活環境は、こうした自分または他人への刺激が全く無くなってしまった環境に置かれて生じて来た結果なのでしょう。

亡き同世代人への気くばり

マスコミによりますと、東京の千鳥ヶ淵戦没者墓苑には37万69人の方が眠っているそうです。このうちの925人分は、令和元年に納骨したとのことです。

しかし、何度も書きますが、まだ100万人からの日本人が、シベリヤ、沖縄そして南方の密林や海底で、お母さんのいる生れ故郷を夢みて眠っているのです。この方達と私の共通点は、数え年で年齢を言っていた敗戦前の日本で生れ育ったことで、これが絶対不変唯一の共通点なのです。そこで私は日常の暮らしの中では、年齢を聞かれると、数え年つまり今は91歳ですと答えるのです。私の心の中で戦争を風化させないためです。私流の亡き同世代人への気くばりです。

高齢化社会、高齢社会、障害者社会、介護社会、一人暮らし社会、孤独、孤独死、数日後に死体発見。テレビニュースや新聞記事では別々に書かれていますが、実体は一つなのです。つながっているのです。ただ政治や社会の手が遅過ぎるだけの話です。気くばりが平成の間に、日本人社会から減少し、激減したのです。生活実感と政治の距離が遠過ぎるのです。

孤独は自分で作るのではなく、気がついたら自分がその環境の中に置かれてしまうのです。現実に私自身が50代の半ば頃から孤独の中にいることを薄々感じ始めていましたが、いま完全にその現象の中に置かれています。

学友、先輩同期生後輩、知人友人、お世話になった方、共に苦労して仕事をしていたスタッフの黒枠の葉書が、75歳頃から三日にあけずに舞い込んで来るのでした。

その一方、旧交を温めあいたいと願う私は、生死を賭けた病と何度も戦い、辛うじて連戦連勝したものの、自らも傷ついて、今や杖を突いて駅やバス停まで行くのに息が切れるのです。

こういう時に思い出すのが、戦争中ではありましたが、近所隣の方が組長だったわが家へ配給物を取りに次々に集ったり、夕方になると隣の長屋のおばさんが、お皿に何かの手料理の品を持って勝手口に顔を出し、母に、

「おかみさん。ちょっといたずらしてみたんだけど、食べてみてェ」

と、お皿や丼を渡しました。食べたあと、

「これ、誰ちゃんの家へ返しといで」

と、母に言われ、なぜかマッチの小箱を一箱必ず入れた容器を返しに行くのは、私の役目でした。

父と母はよく私を電車に乗せて、歌舞伎座へ芝居を見に連れて行ってくれました。いわゆる團十郎、菊五郎、左團次全盛の時代でした。翌日私の姿を見かけると、長屋のおばさん達が寄って来て、

「ケンちゃん、昨日歌舞伎へ行ったんだってねえ。なに見て来たんだい」

と次々に聞きました。私がこういう芝居だったと話すと、おばさん達は、へえーよか

ったね、ありがとよ、お蔭で耳のお正月をしたよと言って帰って行きました。こういうさりげない気くばりが、1号2号の小さな区域の中にある隣組に溢れていましたし、そこが私の生れ故郷だったのでした。

「死」の話がおおっぴらに

今、平成の災害の連続だった30年間を過ぎて令和の世になってみると、暮らしの中で大切かつ必要なのは、誕生そのものにはいささか戦時色はありましたが、江戸時代の九尺《くしやくに》二間《けん》の棟割り長屋に住んだ熊さん八っつあんの流れを受け継いだ隣組的な小さな単位の組織ではないかという気がします。大都会の超高層マンションにも、地方の休耕田に長く伸びた雑草が風に揺れる大字《おおあざ》なんとか字《あざ》なんとかの村にも必要な気がしますし、それは令和に生きる人のなすべき大切な気くばりであり、孤独に陥らない共同精神の優しさであるような気もします。

テレビでも朝昼晩を問わず、自宅で死にたいだの病院がいいだの老人ホームでだのと、おおっぴらに「死」が話しあわれる平成、そして令和です。昭和のテレビで仕事をしていた私には、想像も出来ない制作テーマです。３００万人もが戦争で死んだのに、「死」を番組で扱うことは昭和ではタブーに近かったのでした。

人間ではない顔で死にたくないならば、絶対に戦争はしないことだと、空襲の直接体験者である私は、令和の皆さんすべてに気をくばって伝言し、お願いし、絶対にそうならないことを祈ります。

そして、孤独死は家の中の冷蔵庫に食べ物があるのを知りながら、体力気力を失って、そこまで行けずに無念の思いで飢えて死ぬ、最低の、しかも辛い死に方であることを。

第六章　感動なしに人生はありえない

最高のボランティアはお母さんの毎日の家事

「我ここに立てり」

「人にしてあげたことは、すぐに忘れなさい。しかし、人にして戴いたことは、いつまでも記憶していなさい。そして、もし出来れば、何かの形で、恩返しをしなさい」

聖書物語の中によく出て来る言葉です。これに最も近いのが、ボランティアです。

日本人の間にボランティアという単語が定着したのは、阪神・淡路大震災以後です。私が敗戦直後の昭和22年（１９４７）の冬、当時各地に出来た戦争孤児収容所に立ち寄った時に、一人の12歳ぐらいの知的障害のある女の子が、たらいの中の冷たい水に手を入れて、自分のはもちろん、一緒に暮らしている友達の洗濯物を一手《いって》に引き受けて、一生懸命洗っている姿に接しました。そこから「人のために生きてこそ人」という自家製の処世訓を自分に課し、いつかこの子のように生きて行きたいと感じたのが、18歳の時、当時旧制弘前高等学校の学生でした。

ところが、実際の職業人生は、この決心とは大はずれで、目の前には、マイクロフォンかテレビカメラしかいない毎日で、それが36年間も続き、人はラジオかテレビの遥か彼方に数百万数千万といるのですが、すべて直接手の届く所にはいないままで、定年でサヨナラになってしまいました。

なんとかあの「人のために」、特に障害のある子ども達のために、ほんの僅かでもいいから、あの女の子に教えられた恩に報いようと、熊本県内、10年後には青森県内の市町村を巡回して、開催することを地道におし進めたのが先ほどから書いている「こころコンサート」でした。

一緒に歌の練習をして戴きたいのですがと頭を下げても、最初は熊本、青森、福岡、埼玉のすべてのコーラスグループに反対されました。「なんで私達が障害者と」「私達は発表会で忙しいのよ」が、ほとんどすべてのグループのお断りの理由でした。また福祉関係団体へ行っても、障害者の扱いは一人でも難しいのに、そんなにたくさんの人を、しかも2年も3年も続けて扱うのは至難の業《わざ》だからおやめなさいと、応援を断られました。

その上困ったのは、たとえ皆さんが承諾して下さって、予定では2年近くかかって組織し、県内のおよそ20カ所ぐらいに練習場を予約して確保した上で、その後1年近く練習しても、いざ本番の当日、会場整理、案内、清掃などの仕事を誰がしてくれるのか？　一人もいないのです。参加者はボランティアのオーケストラ100人ないし150人を含めて、当日コンサートホールの舞台に、フィナーレの大合唱では1千人近くが乗る計算なのでした。

ボランティア募集のポスターを私は自分で手造りしたのですが、全く応募者は来ませんでした。無理もありません。阪神・淡路大震災の3年も前の話ですから、無料奉仕の言葉はあっても、外国語のボランティアはまだ日本人の言葉の中には入っていなかったのです。しかし確保に歩いて、学生を中心になんとか最少の人数は集めました。

私の説得用の言葉は次の如くでした。

「ボランティアというのは、無償の奉仕という意味ではありません。ひとことで表現するのならば、『われここに立てり』という自立した自分を表現し主張する積極的な言葉です。

自分は社会の中で、しっかりと立っています。障害者の皆さん、災害を受けた皆さん、皆さんもいつか必ずしっかり立とうと決心し努力なさっている人ですよね。

それでは一緒に手を取りあって、良い社会を造る努力をして行きましょう。これがボランティアの本当の意味です」

いささか強気な言葉ですが、欧州の通論であり、自論でもあります。借りものの論理ではありません。そして、実際にやってみると、この言葉のような実感を少くとも私は持つのです。今までに反論は全くありません。

最近は災害が起ると、この部分はボランティアを頼みましょうと、最初からその分だけ予算を全く組まないで事に当る主催者が多いように見受けますが、私見では考え違いです。

「300円」の領収証

悪戦苦闘の末に、漸《ようや》く平成5年（1993）4月25日に第1回の「こころコンサート」を開催する運びになりましたが、直前の日曜日には、申込まれたボランティアの方に会場に集って戴き、障害者介護の専門家をお招きして、障害者にどのように対応したらいいのか丸一日指導して戴き、終ると全員に当日ボランティアであることがわかるために新調したユニフォームをお渡ししました。

文化振興基金からの予算のやりくりには四苦八苦しましたが、本番の日の終演直前に私はもう一度予算表を見直しました。

すると、９万円の黒字でした。もちろんお客様の入場料は、福祉が目的ですから無料でした。私は３００人のボランティアの方に、今日と1週間前の日曜日の介護練習で2度も会場へ来て下さった交通費の足しに、１人３００円を渡すことにしました。

急いで領収書を取り揃え、３００円を渡して署名して貰いました。すると一人の女子大生が、これを第2回の開催のために使って下さいと、３００円を私の手に戻すと、まわりの人も我も私もと寄付してくれました。

さらにこの人達は、きょう私達は感動という大切な人間の心の働きをコンサートから教えて戴きましたので、ボランティアグループを皆で作ることにしましたと、宣言してくれました。その活動は今も続いています。

さらに私は県下のお弁当屋さんに呼びかけて、出演者全員とボランティア合せて1５００人分のお弁当を依頼し、それぞれの店から違う内容のお弁当2食を出品して貰い、劇場職員全員がそのコンテストに来て味見をし、最優秀店に製造を注文することにしました。お母さんと娘さん2人で経営しているお弁当屋さんが当選し、衆目が一致して当選を予想していた大手のお店のものは、相次いで落選しました。

記者会見で、ボランティアにまで、弁当を支給する必要はないのではないかという質問が何人かの記者から出たので私は答えました。

「ここにいらっしゃる各社各局の方の中で、これまでにボランティアで何かに参加された経験をお持ちの方、いらっしゃいますか。いらっしゃいませんね。

だから今のような質問が出るんですね。私も36年間マスコミの中で仕事をしましたが、マスコミ人の弱さは、実体験が無いことです。ボランティアに自分は行った覚えがないのに、ボランティアを外からちょっと眺めただけで、文章を書いてしまうのです。

読者や視聴者に災害を伝えようと、ひとめでわかる場所をどこの社も局も撮影して提供しますから、同じ情景が伝えられますので、遠くから参加するボランティアは、揃いも揃って新聞やテレビで見た情景の場所へ行き、行政もそこを中心に救援物資を送ったりするのです。

しかし、被害が最もひどかったのは、その隣村だったり隣の町だったりするのですが、そこへは一人もボランティアは行っていなかったりするのです」と。数年前は同じマスコミ人だった体験から話しました。

本物のボランティア

実際に、災害で最も困るのは、被災者もボランティアも、食糧と水とトイレなのです。その次は高齢者や病人の介護です。残念ながら日本人は令和が始まった現在まで、介護技術を身につけている人はほとんどいません。私は第1回コンサートの1週間前に専門の方を招いて、ボランティア全員に初歩ではありますが、車椅子の押し方をはじめ、介護技術をボランティアの方に一日中教え込んで貰いました。

しかし、その一方で、障害者をいたわる技術や心を持っているのは、コーラスで参加して下さったお母さん達であることも感じました。最初は触れあうのをこわがっていた面もありましたが、ひとたび肩を組んで歌うようになると、女性が本来持っているらしい優しさが、とりも直さず介護そのものなのだということを私は知りました。

その原因は、単純に言えば、炊事、洗濯、掃除の家事、つまり、家族への無償の仕事を身につけていることでした。私は自分の著書にも以前から「家事こそ最高のボランティア」と書いて来ましたが、こころコンサートを通して、自分の考えに間違いはなかったことを、自分で証明出来たと思っています。

平成はまさに大地震大津波豪雨崖崩れなどで、海も川も山もすべての大自然が日本人の暮らしを、まるで戦場のように無残に破壊しました。その一方、ボランティアという言葉と行為が日常化するようになりました。

ところが、「私ボランティアに行って来ました」と、得意気な顔をして言う人が多くなりました。ボランティアはあくまでも陰にかくれて行動するもので、結果が良ければ、それは被災者や障害者あなた達の努力の結果ですと、自分は遠くから見つめていてあげればいいのです。

いささか手前味噌ですが、昭和の終りにNHKを定年退職した私が、東京とマスコミを離れて、縁あって熊本県へ行き、直ちに県内全市町村を巡回して、いま地方に何が必要なのかを、村や町の人とそれこそ膝つきあわせて話しあう中で摑み取ろうとしたのですが、1年で全市町村を廻る積りが、1カ月で絶望に陥りました。過疎でした。人がいないのです。村の若者とは60代の男性で、都会では私もその中の一人で、定年退職が関心よりもむしろ寒心のテーマになっていた時でした。

僅かに残っていた神楽《かぐら》や獅子舞などに、かすかに村の人達のやる気を感じた私は、巡歴を中止して劇場へ戻り、県内や九州さらに日本各地の伝承芸能を、図書館で調べました。そして、都会で生れ育ち、10代の青春は戦中戦後だった私が、全く体験したことのない村祭りに、村人の内側に残っているらしい心の絆がまだ少しはあるのを感じ、よし、村おこしは心おこしから始めることが肝心《かんじん》なのだと悟《さと》りました。

お上がつくったハコモノ

やり直しの巡歴の旅で、こうした伝承芸能を、辛うじてではありますが守り抜いている保存会の方達と会って、完全復元上演を勧めました。しかし、このためのお金は、国にも県市町村にも、全国どこの県市町村立の文化会館にも全く無く、神主さんがいない神社が全国に無数にある現実も調べてわかりました。当然どこの保存会からも参加を断られました。

致命傷は2つありました。

一つは全国にある公立の文化会館が、いわゆるハコモノに過ぎず、貸し館業務が主な目的で、欧米の会館のように、文化会館が地域の文化をリードし創り上げて行くという言わば精神的文化的目的はほとんど無いのでした。

欧米のホールは主として地域に住む人達の寄付によって造られ、さらに文化を創造する、言うなれば市民が下から自分の手で作り上げて来たホールなのです。

これに対して日本のホールは、ほとんどが上から造られた会館で、住民の心の中心ではないのでした。長い封建制度によって培《つちか》われて来たなんでもお上《かみ》にすがりつこうとする弱い根性でした。

そしてもう一つは、前記の通り、お金が全くありませんから、私が私の意志を通すためには、私自身のフトコロに頼るほかはありません。9カ月前にNHKで36年間働かせて戴いて支給された退職金の税引き後のお金と、各出版社からの本の印税（原稿料）を原資にして、熊本県立劇場文化振興基金を創設しました。これで稽古場の借用料、衣裳の新調、神楽面の制作他、必要な部分になんとか提供することが出来ました。

そして熊本県を主体に10年間、春は伝承芸能の完全復元上演、秋は「こころコンサート」を熊本の3回をはじめ、北九州、福岡、埼玉、そして生ッ粋の江戸ッ子ですが、戦中戦後を旧制弘前高等学校で送ったために、私は津軽をわが心のふるさととしていますが、弘前でも５０００人が参加して開催しました。

さらに熊本と青森では社会人の学習サークルを開き、両方合せて約１３００人が学びあい、私はこの方達を、わが「心の友」、略して「心友《しんゆう》」と呼んでいます。

さらに熊本では若い女性にも元気になってもらいたいと思い、前例の無い全国初の文化会館専属のチアリーダーのチームも組織し、毎週１回３時間、東京からコーチに来てもらって指導を受けました。

練習量は他の学生や実業団チームの7分の1でしたので、結成僅か2年半後に競技会に初出場した時、技術は問題ありませんでしたが、演技は他のチームと比べようもありませんでした。しかし表彰式の時、審査員全員の意見が一致して、その場でベスト・マナー賞を作り、わが「ヴイ・ラ・ヴィー」チームに授与してくれました。

結成以来練習ごとに、マナーをまず身につけなさいと、私はメンバーに言い続けて来たかいがありました。優勝トロフィーや豪華な賞品よりも、メンバーの努力した心に対して、心のご褒美を下さったことはありがたいことでした。

チアを誰も知らなかった熊本で、企画して組織したチームに、何かをしようと参加し、僅かな練習時間の中で、まずマナーという心のあり方を身につける努力をした若い女性メンバーに、25年後のいまあらためて敬意を表します。

敗戦から昭和平成の終りまでのおよそ70年間に、失った最たるものは、日本人らしい行儀作法でした。

そして、昭和の時代にアナウンサーという話し言葉をなりわいとして36年間生きて来た立場からもう一つつけ加えるならば、良い日本語または言葉づかいでしょうか。まさに国破レテ山河アリどころか、国破レテ昭和平成ニ山河無ク、加エテコノ三代デ言葉モ崩ルなのです。

社会や生活の形が短い年月の間に激変してしまった時代の潮流もあります。しかし、明治維新直後の文明開化を、西郷隆盛は、「文明吸収のこの速さは、日本人のものではない。もっとゆっくりと吸収すべきだ」と評しましたが、昭和平成の外来文化の流れは、西郷さんを溺れさせるような速さです。

日本式行儀作法の基本にあったのは、静けさ、美しい形、そして、いかにして相手の方に穏やかな、言わば小さな幸せを感じて戴くこと、つまり、行き届いた気くばりでした。歩きスマホは誰をも不快にさせる不作法の典型ですが、それが気くばりが最も良いはずの若い女性に多いのは、令和の行く末を不安にします。

気くばりははじめは自分自身に

日本人の礼儀作法が失われていく

人生って、こんなことが起るんだと、私がなぜか頭の中の半分が空白になった感じで、テレビ画面のニュースを見つめました。

「どうかまわりの方に、気くばりをなさって下さい」

確かに女性アナウンサーは傘の持ち方についてそう言ったのです。今からおよそ40年もの昔、編集者がこの言葉を思いついて、私が書き散らした原稿を編集して出版した本が、『気くばりのすすめ』という本でした。

ところが、あれから昭和平成が終った今でも、なぜあのタイトルの本が、あの頃、ベストセラーのトップを長い間独走し続けたのか、私にはもちろんですが、もしかすると出版元も編集者もわからないでいるのです。

当時私はＮＨＫの職員でしたので、出版して下さる各社に、本の定価は可能な限り低く抑えること、宣伝広告は可能な限り行わないことをお願いしました。

私が生れつきひどく病弱で気も小さく、どちらかと言うと、引っ込み思案で、少くとも小学校５年の夏までは、今日で言う引きこもりに近い子でした。この性格は90代の現在も続いている気がします。

宴会や会食では無論のこと、家族との食事の席では、ほとんど口をききません。ＮＨＫ在職当時、週に２回昼食を、それも夕方４時過ぎに、玄関前のおそばやさんで、ざるを一人で食べられたら、今週はなんと幸せな週だろうと感じていた不規則不摂生の生活が、30年も続いたせいです。友人や編集者と飲んだり食べたりした記憶は、ほとんどありません。

そのくせ食事の行儀作法のあり方には、とても関心があり、人に不作法を注意したことはありませんが、美しく食べることについて、自分自身にひどく気をくばります。

目的はどこにあるかと言いますと、私が食べ終ったそのあとの片づけをする方が、きれいに食べて下さってよかったと、気持ち良く後片づけが出来るように気をくばるのです。

一粒もそれこそ一汁も一菜も残さずに、きれいに戴き、箸やスプーンをはじめ、食器を見た眼に綺麗に置くなど、食べている間に、その方の、つまり家ではお母さん、お店では店員さんが、片づけることが楽しくなるような気分を想像しながら食べることです。

気くばりは相手が眼の前にいる時だけではなく、自分のイメージの中にある自分の次の人が、どういう気持ちで自分を見てくれるだろうかという時にも、何かの形になって表れるのです。

奇妙なめぐりあわせですが、日本中が梅雨入りしたと天気予報が伝え、そして、傘の持ち方に「気くばり」をして下さいと、私の出身母体のＮＨＫがニュースで言った頃、プラスチックによる海洋汚染が世界的急務として報じられるようになりました。

ところが、思い出してみると、『気くばりのすすめ』が出版されたおよそ半世紀前に、日本人の食卓に、茶碗や皿や箸などの形を通してプラスチックが登場し、その直後から日本人の礼儀作法が、平成を通していま令和の世にも見られるように、極端にお粗末になってきてしまったのでした。

「食事の作法は、その国民の礼儀作法である」と前項でも書きました。「食う」ではなく「戴く」のです。

これは18世紀以来、イギリスを発生源として言われているらしい躾けの基本とされている名言ですが、まさに現代の日本人が実践すべき人間としての法則であると思います。

「歴史は繰り返す」

振り返ってみると、気くばりの減少や、プラスチックの食器、食事の不作法、ヤバイをはじめとする良き日本語の退廃、静けさの喪失、いじめの発生、家庭内の人間関係の崩壊など、令和元年（２０１９）５月１日に始まった令和冒頭の諸悪は、およそ40年前今こそ日本人固有の細やかな気くばりをと、一介のサラリーマンだった私がさりげなく訴え、町や村で「小さな親切運動」が小学生の間にも起った昭和のあの頃の時期に発生した気がします。

「歴史は繰り返す」という言葉は、こうした現象を指すのでしょうか。

『気くばりのすすめ』と前後して出版して戴いた各社からの本に、私が読者の皆さんから、同じ言葉の繰り返しじゃないかというお叱りを覚悟の上で書いた言葉がありました。

「（東京大空襲の朝、焼野ヶ原の下町に立って・17歳）この戦争が完全に終るまでには、１００年の歳月を必要とするだろう」

「（敗戦後初めて広島へ行った時・22歳）原子爆弾を投下する直前、すべてのアメリカ人は、人間としての良心を失った。そして、投下された原子爆弾は、それ以後の日本人の人間としての良心を破壊するだろう」

いま、昭和の敗戦後と平成から令和に代った時も、まるで連日の行事のように、幼い子への虐待、殺人、誰でもよかった殺人、交通事故による死傷、丸儲けの感がある振り込めサギなどが報じられています。気になるのは、これほどの諸悪を犯した劣悪な人達が、子どもの頃あるいは若い親であった頃、どういう家庭にいたかです。

カラーテレビが普及した昭和47年（１９７２）頃、

「私は皆様から受信料を戴いて経営している放送局で働いているので、たぶんこの原稿が新聞に掲載されると、私は当然クビになっていると思いますが、私はありったけの勇気を奮って書きます。

（中略）どうかせめて食事の時間だけは、テレビを消して下さい。家族は互いに眼を見合わせ、いたわりあって暮らして行かなければならないのに、今の日本の家庭では、最も眼を見合せられるはずの食事の時に、眼は皆テレビを向いています。このままでは、いまに日本の家庭は対話を失って崩壊してしまいます」

と新聞に書きました。放送局は私をクビにせずに、60歳の定年、それは奇しくも昭和が終る年でもありましたが、規定通りに定年まで働かせてくれました。

「歩きスマホ」の罪

家族の眼がテレビへ向いて、人間としての父母兄弟姉妹の眼が、お互いを見つめなくなった環境が、そして凶悪事件満載の毎日が、令和元年がまだ半年もたっていなかったのに続いていました。

その原因を、私は敗戦後から平成の終りまでの70年間の日本人の心のありようの中に感じているのです。令和はその不作法の禁断の木の実を、さらに貪欲に食べる時代になるのでしょうか。卒直に言うと、私は前記のテレビを消しての代りに、新聞各紙にスマホを消してと書きたいのです。殊に歩きスマホをやめてと。

１９７０年頃、はじめて携帯電話の原型を見せられた時、家電メーカーの社長達に、「これは通信を通して、果てしなく広い人間関係を作って行くと思います。

しかし、文明の利器は、戦争や経済の急激な発展を伴って、人間に果てしない『善』をもたらしますが、同時に『悪』も善と同じ速さで、同じ広さに広まって行きます。

原子力がその典型です。どうか新しく生産されるこのような文明の利器は、これがどのような幸福を人間にもたらすかを、徹底的に論議したあとで生産し、販売して下さい」

と、卒直に懇願しました。その一例がスマートフォンであり、中でも何度も繰り返しますが、歩きスマホの姿です。世界中の人が下を向いて歩く異様な風景が日常化し、人と人の心が完全に断絶しそうです。

言った手前、しかも歩きスマホ他、敗戦前は「犯罪の陰に女あり」と言っていたのに、平成に至っては「犯罪の陰にスマホあり、ガラケーあり」などと言われているのを聞きますと、私はガラケーもスマホもパソコンも持っておらず、必要な連絡はすべて葉書か手紙で書き送っている非現代的な自分を自讃したくなります。

高齢者の運転免許返納が盛んに呼びかけられていますが、私は30代のはじめ、日本人の間にマイカーが漸《ようや》く広がって来た頃、あなたのような立場の人は、ぶつければもちろん、ぶつけられても話の種にされてしまうから、車は絶対運転しないようにと、勤め先や警察の方から忠告され、90代の今日まで、車とは全く無縁です。もっぱら電車やバス、万やむを得ない時はタクシーを利用します。

ひたすら働くだけの人生だったが

30歳で禁煙し、50歳で断酒し、以来一服も一滴も口にしていません。ただし、50歳の時に30代からの重労働が不摂生をもたらして健康を害しましたが、奇跡的に生き延び、少くとも75歳までは、人の5倍は働いた積りです。

ゴルフも釣りも、その他賭け事は一切やったことがありません。日本のほとんどの市町村やヨーロッパ、アメリカ、インド、南米各国など、アマゾンの奥深くからシベリヤの果てまで行きましたが、すべて仕事のためで、名所旧蹟見たこと無し、郷土料理食べたこと無しのひたすら取材と調査で歩き廻りました。

不便だったのは、辞書があれば、本や新聞を何カ国語か初級程度に読めますが、会話は全く出来なかったことです。相手の言うことを頭の中に一度日本語の文字で書き、次に自分が言うのをまたもや外国語で頭の中に作文してから口に出すのでもどかしくなるため、外国人は苦手《にがて》です。

ところがです。外国人の中で、心の中だけですが、私の一方的な解釈での深いつながりを持つアメリカ人が一人いました。

その人の名は、ニール・アームストロング。ご存知ですか。今から50年前に、人類で初めて月——あの十五夜お月様のホンモノの月です——その上に第一歩をしるした言わばこれからの宇宙時代に、たぶん永遠にその名が残るに違いないあのアポロ11号の船長さんです。

50年以上も前に、アメリカのケネディ大統領が、1960年代の終りまでに、アメリカは月へ人間を送ると宣言し、その一連の行動、作業、企画をアポロ計画と名づけ、世界中が注目し、期待もし、中には単なるお伽噺と一笑に付す人もいたりしたのです。

当時私は1964年の東京オリンピックを挟む3年間、正午と午後の7時と9時のテレビニュースを担当し、その一方、「東海道新幹線開通」の実況を車内から4時間にわたって話したり、「黒四ダム完成」では初めての放水をダムの上から描写したり、北海道の網走海岸から「皆既日食」の実況、「首都高速道路貫通」など、今から振り返ると、テレビの画面が黒白であった時代を代表する実況中継のほとんどを担当しました。

担当した番組の中での「桂離宮」は、36年間のアナウンサー暮らしの中でのたった一つの「あれは私がやった仕事です」と人に言える番組です。ただし、私自身は放送局始まって以来の最も下手なアナウンサーと自認していました。

感動がなかったからでした。スタッフが抱きあって喜ぶような場面でも、私には先祖代々の江戸下町の職人根性の血が流れていたのでしょうか。

「一生懸命やったんでござんすが、こんな仕事しか出来やせんで申しわけござんせん。じゃ私ァこれで、ごめんなすって」と、何事も無かったようにその場をすたすたと去って、さりげなく次の仕事に入って行き、終った仕事とは二度と会わないというあっさりと淡白で、良く言えば謙虚で、良い結果は人に譲り、悪ければ自分が背負う生き方が私の好みだったのでした。下町風の職人気質《かたぎ》です。

「感動」と「人のために」と「心友」

感動無しに人生はあり得ないという自らの生き方の指針は、10代の旧制中学と旧制高校の、つまり戦前戦中戦後という日本の歴史の最悪最暗黒の社会の中で体得した処世訓でした。その頂点は東京無差別爆撃の夜を、無数の焼死体を目前に、焼けた地面を這って脱出したあの夜でしたし、最善はその半月後に、津軽の静けさと大自然にめぐり会ったことと、学生自治寮の委員長としての2年間の生活でした。

この中で人のために生きることの基本的な心構えらしいものを学び取り、この「感動」と「人のために」の2つを、具体的な形にすることが出来たのが、60歳で定年退職したあと、70歳までの熊本の10年間、そして75歳までの再びの津軽青森での仕事でした。

60歳で熊本県立劇場で自ら創設した文化振興基金は、講演料原稿料などは私自身は無報酬にし、主催者依頼者には、その報酬分をこの基金にすべて寄付をして戴くことによって維持運営したのでした。

ただし、青森での「自分で考える子になろう」の旗印を掲げての小学校巡回押しかけ授業は完全に無料でした。もちろん寄付も戴きませんでした。ついでに、熊本青森両県で開き、合せて約１３００人が参加して下さった社会人の学習サークルで、いわゆる講師は私一人でしたが、講師料は完全に無報酬でした。

しかし、この学びあいを通して、私は10代から求め続けて来た、手を取りあい心を結びあえる「心友《しんゆう》」を持つことが出来、その交流は90代になった今日まで30年間も続いています。つまり私は生きることの目的は自分なりに十分達したことになります。

終章　人間の原点とは

放送や番組のことは書かない

私は36年間、ラジオからテレビへと移るたぶん放送が二度と経験しないと思われる大変動期に、スポーツの実況以外のあらゆる分野の番組制作に携《たずさわ》り、昭和の終りに定年退職する直前には、放送界最後の職人だのテレビのシーラカンス（古代魚）だのと呼ばれていました。

しかしこうして書いていながら、自分でも珍しいなあと思っているのですが、この本の始めの方からここまで、またこうしたNHK主催の会でも、あるいはNHKを通して依頼して来る全国各地での講演会でも、放送や番組の話は、それこそ爪の垢《あか》ほどもしたことがないのです。

もちろん書いたりもしません。1冊だけあまりにも誤解が多く、しかもそれがしばしば繰り返されるので、これからのことも考えて、薄い小さな本を出したことがあるのですが、それを除いては、放送や番組について書いたことは、現役中もそれ以後90代の今まで、1頁も1行も1字も書いたことがありません。

なぜならば、番組の制作には多くの人が参加し、それぞれの分野で最善を尽くして努力をし、その結晶が作品だからです。

それを自分一人でやったような顔をして、話したり書いたりするのは、職人気質《かたぎ》に反するのです。仕事の結果は、チームワークによって出来上ったものです。しかも私は周囲の先輩同輩後輩の仕事や技術と比べて、最も劣っているのも事実なのでした。

底辺にあるのは、旧制弘前高校で、前記の様に、敗戦直後から丸2年間、私は600人が生活する学生自治寮で、物心両面の世話をする寮務委員長を務めた経験です。日本の歴史上最低最悪の社会、しかも左右からの思想の嵐は、10代の我々に容赦無く襲いかかり、自由とは、天皇の戦争責任は、民主主義とは、恋愛とは、社会主義とはなど、昼夜を問わず情熱的議論が交されました。

誰をも「さん」づけで呼ぶ

もちろん今から考えると、10代の若僧の青臭い論理ではありましたが、真剣でした。しかし、それぞれが結論らしきものを求めて、委員長である私に自説を持ちかけて来るのでした。大食糧難時代で、私はその補給調達のために、県内はもちろん東北6県や北海道へ行って、どうかこの土地の米や食品をわが寮に供給して下さいと、頭を下げて廻るのに追われ、授業に出る時間が全くありませんでした。

しかし、私は議論を吹きかけて来る一人ひとりを見ると、先輩後輩を問わず、人はすべて私が持っていない何かの素晴らしい才能や能力や努力などを持っていると感じました。

それが後輩にも必ず「さん」をつけ、呼び捨てには絶対しないことや、挨拶にはのちにテレビの視聴者から言われ続けた馬鹿丁寧なおじぎに、自然になって行ったのでした。

つまり、「気くばり」という言葉は、編集者が私の会話にしばしば登場した「気くばり」を書名に思いつかれたのですが、それを受け入れた潜在的ヒントとなったのは、私がそれまでに書いた文章や話し言葉のどこかにひそんでいた気がするのです。

それは私の中学1年12歳から、卒業直前のあの東京大空襲、半月後の津軽は弘前の旧制高校に入学、そして3年後に卒業させて戴いた19歳までのまさに10代の青春にあった気がするのです。

何も話さないアポロ中継

そんなわけで、産経新聞の科学部の記者の方からテレビの取材をと電話で言われた時、私は経済や科学は不得意なので、何かの間違いではないかと迷い、一瞬断ろうと思いました。すると、

「今年はアポロ11号が月面着陸して50周年なので、その特集を……」

と言われ、「えーっ、そうですか、あ、そう言われれば——1969年の7月20日——今年が——そうですねえ、忘れていました」と思い出し、どうぞ、お会いしますと言って電話を切ってから、ひとり苦笑しました。相反する幾つかの理由があったからです。

前記のように、放送や番組についてては、話さない書かないで通して来たのですが、あのアポロ11号月面着陸の放送は、「出演番組無数」と文化人名簿に記載されている程多くの番組の中で、私がたった一つ、36年間の放送番組の中で、最高の名アナウンスだったと自負している番組だったのです。90代でもう先が見えているので、この世の名残りにその事実を新聞に話しておこうかと思ったのです。

そして、これが私にとって、人の生き方に重要な、もしかすると、これが気くばりの原点であることの証明になるのかなと思う事実が、この月面着陸番組の裏側にあるのでした。そこで私は自分の放送の仕事の上での話はしないという禁を犯してしまうことになりました。取材に応じてしまったのです。

クライマックスであったアポロ11号の中から、２人の宇宙飛行士のどちらが月面に降りて、人類の第一歩をしるすのかわかりませんでしたが、どちらにしても、その瞬間はこれから永久に続くであろう宇宙時代のいつになっても、人類の宇宙史では必ず語られる永遠の場面です。この実況を描写する私の言葉もまた、その都度再上映されることになります。まさに千載一遇《せんざいいちぐう》のチャンスです。

それまで体験したすべての番組殊に生中継番組で、私は事前に資料を山のように読みますが、言葉は用意せず、完全なままでのアドリブで映像を説明して来ました。しかし、永遠に残るとなれば話は別です。

私は前の晩ほとんど徹夜で、アポロが月面に着陸し、飛行士が第一歩をしるす場面を、ありったけの脳細胞を使って想像し、それにふさわしい言葉をノートに書き記しました。数ページに及びました。

当日、朝9時40分に中継用の特設スタジオに入ったのを覚えています。それまでのテレビは、東京タワー経由で、地上の放送局から放送局へと電波が送られているのに、この番組だけは、遥か宇宙から、あの月から電波が送られて来るのでした。それだけでも画期的なので、私は送られて来始めた画像を見ながら実況を始めました。

しかし、着陸推定時刻があと5分ぐらいに迫り、私は昨夜から用意した言葉から、ふさわしそうな言葉を、たぶんいささか緊張しているに違いない脳の中から引き出そうとしました。ところが……。

体の奥の方から胸へと、激しく突き上げる何かを感じました。なぜかほんの数秒でしたが、体が硬直し、眼は画面ではなく、スタジオの天井近くにある照明の光を見つめました。

反射的に私は椅子から立ち上り、近くに置かれていた各地のNHK中継局を技術的に結んでいる線のマイクロフォンを摑んで言いました。

「アナウンサーの鈴木健二です。間もなくアポロが月に着陸します。直後に宇宙飛行士が船外に出て、月の上に立つだろうと想像します。

その時に何かを話すでしょうが、その人類初の月での言葉は、これから永遠に続く宇宙の歴史で、折り目節目《ふしめ》で必ず使われ続けると思います。

この時の飛行士の言葉を完璧に放送したいので、私は何も話しません。事故が起ったのではありません。私が沈黙しているのです。間違えないように」

第一歩を月面にしるした船長の声をそのまま伝えたこの沈黙のアナウンスが、36年間スポーツの実況以外のあらゆる分野にわたる番組制作の中で、あれは私がやった仕事の中で、最高かつ唯一の仕事ですと、人に言える番組なのです。最も下手なアナウンサーを自認して働いていましたが、喋りさえしなければ、私は上手なアナウンサーなのでした。

しかし、この生涯一度の事実を、こうして書いたのも初めてですし、もちろん現役時代もそれ以後90代の今日まで、講演会ではもちろん、人に語ったこともありません。

ところが、実際に自分自身で月面に降り立って、第一声を発したのに、それを終生人に語らず、文章にも、たった一つの短かい論文の中での文章以外、全く書き残さなかった人がいたのでした。

前章で少し書いた、年齢は私より1歳下なのに、8年ほど前に、82歳ぐらいで他界したアポロ11号の船長ニール・アームストロングさんです。

宇宙時代に永遠に残るであろう「一人の人間にとっては小さな一歩だが、人類にとっては大きな第一歩だ」という名言を残したのに、なぜ彼は人類の中でただ一人だけ体験した事実を、語りもせず、書きもしなかったのでしょうか。

衝撃的な証言

平成の終り頃、船長のご子息が来日されて語った言葉ほど、あの実況放送の日から50年もの歳月が流れた時間の中で、私に感動を与えて下さった言葉はありませんでした。

「私達家族にも着陸のことは話してくれませんでした。なぜって？　父が言ったことがあります。アポロ計画には、40万もの人が全力を尽くして働いたんだよ。私はその中の一人だよ」

私の中継放送にも、もちろん他のすべての番組制作にも、40万とは申しませんが、常に多数のＮＨＫ職員や出演者が、それぞれの立場で私に力を貸して下さったからこそ、36年も勤められたのです。自分一人でやったような顔で話したり書いたりするのは、私なりの道義観からも性格からも不可能でした。

しかし、来日されたご子息の談話の中のひとことに、私はアームストロングさんと私との「人間」としての距離の大きなへだたりを知りました。それは月と地球との距離を遥かに越えた長さでした。

ご子息の談話の中のひとこと。

「父はいつも私達子どもに、『決してごう慢になってはいけない。人間は常に謙虚でなくてはいけない』と言っていました」

話さない書かないという結果は同じですが、私の場合はやるだけやったら、結果の良し悪しはおまかせ致します、じゃこれでと、何事もなかったかのように、あっさりとその場を去って行く職人気質《かたぎ》が底辺です。

しかし、アームストロングさんの語らず書かずは、彼の人格と人生の処し方そのものが出発点であり、結果であったのです。

月に立った人と、そこから送られて来た小さな画面を見ながら話し、人類の第一歩という名言を、自分は沈黙してそのまま視聴者に流したことが、たった一つの自分がやった仕事ですと、ひとりでつぶやいているだけのしがない口舌《くぜつ》の徒との違いですが、よくよく考えてみると、私の10代の青春以来今日までの毎日の暮らしの中で心掛けてきた気くばりの中には、見方によっては、謙虚も何分の1かは含まれていたような気がしないでもありません。

私自身では昭和の下町風の当り前のおじぎがその象徴かもしれないのですが、現役時代も視聴者からよく言われた丁寧なおじぎです。10代の旧制弘前高校時代に身につけたらしいのです。

気くばりは技術ではありません。空気が目に見えないように、「気」は言葉では説明出来ません。愛、優しさ、思いやり、親切、時には勇気など、人間が持っている美点が、瞬間や短時間のうちに、なんらかの動作に出て来るのが気くばりです。

肝心なのは「人にしてあげたことは、すぐに忘れなさい」というどこの宗教でも言われる態度です。それが謙虚なのです。

今、21世紀。日本では令和の時代に、世界及び日本のすべての人にとって必要な心のありようの大切な一つが、謙虚であると断言したいくらいです。もしもトランプさんや習近平《しゅうきんぺい》さん、金正恩《キムジョンウン》さんやプーチンさんが謙虚さをほんの少しでも持ったら、今たぶん世界中の人が抱いている戦争への不安は消える気がします。

世の中には自分とよく似た人が数人いると言われますが、私には共に仕事をしてくれた仲間の努力に感謝して、自分一人でやったような顔で、書いたり話したりしない習慣を持ったアームストロングさんというこの地球上では会ったことがない人がいました。

私も90代で間もなく地球から放射されてしまう運命の中にいますが、宇宙で彼に出会って、あの日1969年7月20日のことを、思う存分話しあってみようと思っています。一つの障害は米英が敵だった戦中派の私には、英語の会話力が無いことです。

著者紹介

1929年（昭和4年）に東京に生まれる。1952年にNHK入局、翌1953年からテレビ放送が始まると、「クイズ面白ゼミナール」などあらゆる分野の数々の番組で新境地を開拓、博覧強記の国民的アナウンサーと呼ばれて親しまれる。

1988年（昭和63年）定年退職後は一転して社会事業に専心。熊本県立劇場を拠点に、私財を投じて文化振興基金を設立。これを原資に、過疎で衰退した地域伝承芸能の完全復元を通して数々の村を興し、多数の障害者と県民の愛と感動の大合唱「こころコンサート」を最高1万2000人参加で、全国で7回制作上演して文化と福祉を結ぶ。

70歳で青森県立図書館長に転じ、「自分で考える子になろう」を旗印に約200の小学校で押しかけ授業をし、読書の普及を図る。75歳で退職。この間テレビ大賞、日本雑学大賞、ゆうもあ大賞、文化庁長官表彰他多数を受賞。

著書は400万部突破の『気くばりのすすめ（正・続）』（講談社）など200冊を超える。

最終版《さいしゅうばん》 気《き》くばりのすすめ

二〇二〇年四月一三日　第一刷発行

著者　鈴木《すずき》健二《けんじ》

発行者　古屋信吾

発行所　株式会社さくら舎　http://www.sakurasha.com

東京都千代田区富士見一-二-一一　〒一〇二-〇〇七一

電話　営業　〇三-五二一一-六五三三　FAX　〇三-五二一一-六四八一

編集　〇三-五二一一-六四八〇

振替　〇〇一九〇-八-四〇二〇六〇

装丁　石間　淳

写真　アフロ

印刷・製本　中央精版印刷株式会社

ISBN978-4-86581-242-8